bibliocollège

Yvain ou le Chevalier au lion

CHRÉTIEN DE TROYES

Notes et questionnaires
par Marina GHELBER,
professeur en collège

Dossier Bibliocollège
par Chloé ROUSSEAU

*Texte conforme à l'adaptation d'André MARY
chez Terre de Brume Éditions*

Crédits photographiques :

Tous documents Photothèque Hachette Livre.
Plat II : L'amant au dîner de sa dame, illustration des œuvres de Guillaume Machault. **Plat III :** Photothèque Hachette Livre. **p. 9 :** visite de Perceval à la recluse, Roman de Lancelot. **p. 10 :** Photothèque Hachette Livre. **pp. 11, 25, 37, 53, 67, 79 :** combat de Gaharié et de Guidam (détail), Paris, XVe siècle. **p. 20 :** Chrétien de Troyes, Manuscrit français. **pp. 24, 36 :** le Chevalier au lion, Chrétien de Troyes. **p. 49 :** Manuscrit français, XIVe siècle. **p. 52 :** enluminure du Roman du bon chevalier Tristan de Léonois, XVe siècle. **p. 66 :** Le Livre de Lancelot du Lac. **p. 80 :** *La vie privée au temps des chevaliers et des châteaux forts.* **p. 92 :** Photothèque Hachette Livre. **p. 104 :** Photothèque Hachette Livre. **p. 109 :** Tenture de la Dame à la Licorne : « À mon seul désir ». Tapisserie laine et soie. Pays Bas, entre 1484 et 1500. Paris, Musée du Moyen Âge de Cluny. Photo Photothèque Hachette Livre.

La bande dessinée sur la vie de Chrétien de Troyes, pages 5 à 8, a été réalisée par Jazzi, d'après un scénario de Chloé Rousseau

Maquette de couverture : Laurent Carré
Maquette intérieure : GRAPH'in-folio
Composition et mise en pages : APS

Dossier pédagogique téléchargeable gratuitement sur :
www.biblio-hachette.com

ISBN : 978-2-01-270607-1

© Hachette Livre, 2015, 58 rue Jean Bleuzen, 92178 Vanves cedex, pour la présente édition.
www.biblio–hachette.com

Tous droits de traduction, de reproduction et d'adaptation réservés pour tous pays.
Le Code de la propriété intellectuelle n'autorisant, aux termes des articles L.122-4 et L.122-5, d'une part, que les « copies ou reproductions strictement réservées à l'usage privé du copiste et non destinées à une utilisation collective », et, d'autre part, que « les analyses et les courtes citations » dans un but d'exemple et d'illustration, « toute représentation ou reproduction intégrale ou partielle, faite sans le consentement de l'auteur ou de ses ayants droit ou ayants cause, est illicite ».
Cette représentation ou reproduction, par quelque procédé que ce soit, sans autorisation de l'éditeur ou du Centre français d'exploitation du droit de copie (20, rue des Grands-Augustins, 75006 Paris), constituerait donc une contrefaçon sanctionnée par les articles 425 et suivants du Code pénal.

Sommaire

❶ L'auteur

- L'essentiel sur l'auteur 4
- Biographie 5

❷ *Yvain ou le Chevalier au lion*

- Le récit de Calogrenant 11
  - Questionnaire 21
- La mort d'Esclados le Roux 25
  - Questionnaire 33
- La veuve et le meurtrier 37
  - Questionnaire 50
- Le lion dompté 53
  - Questionnaire 64
- Le château maudit 67
  - Questionnaire 77
- La réconciliation 79
  - Questionnaire 93
- Retour sur l'œuvre 95

❸ Dossier Bibliocollège

- L'essentiel sur l'œuvre 100
- L'œuvre en un coup d'œil 101
- Le monde de Chrétien de Troyes 102
- Genre : Le roman de chevalerie 105
- Groupement de textes : Le merveilleux 109
- Et par ailleurs… 117

L'essentiel sur l'auteur

Chrétien de Troyes est un auteur de romans courtois et de chevalerie s'inspirant de la légende du roi Arthur et des chevaliers de la Table ronde.

Chrétien de Troyes vivait à la cour de **Marie de Champagne**, protectrice des arts et poétesse elle-même. Il n'existe aucun portrait de lui.

CHRÉTIEN DE TROYES (XIIe SIÈCLE)

Les œuvres contemporaines :
- *La Chanson de Roland* (dont l'auteur nous est inconnu).
- *Tristan et Iseult* dont on attribue la paternité à Béroul, avec Thomas.

Ses sources et inspirations :
- La matière de Bretagne (tradition celtique et légendes bretonnes).
- Les chansons de geste et leur dimension chrétienne.

Chrétien de Troyes, un poète au XIIe siècle

XIIe siècle. Marie de Champagne, la fille du roi de France, est à la tête de la cour de Champagne. Femme de lettres raffinée, elle accueille et protège régulièrement des poètes.

Bienvenue, Chrétien de Troyes ; vous êtes ici chez vous.

Merci, comtesse ; il n'est pas facile pour un poète comme moi de trouver un toit.

Vous pourrez rester ici aussi longtemps que vous le voudrez.

Chrétien, écoute ces légendes qui viennent de Bretagne...

Chrétien de Troyes s'inspire ainsi de la légende du roi Arthur et des chevaliers de la Table ronde pour écrire ses romans.

Les histoires de chevaliers qu'on vient de lui raconter, l'amour courtois que Marie de Champagne lui a expliqué, la religion qui est si importante à l'époque... Chrétien de Troyes n'oublie rien.

Chrétien de Troyes compose à la Cour de Champagne, entre 1176 et 1181, Lancelot ou le Chevalier à la charrette et Yvain ou le Chevalier au lion.

Lancelot ou le Chevalier à la charrette

Yvain ou le Chevalier au lion.

Les œuvres de Chrétien de Troyes ont connu un grand succès au Moyen Âge et nous ont été transmises grâce au travail des copistes.

Yvain ou le Chevalier au lion

Le chevalier armé par sa dame (haut), départ pour le tournoi (bas).
Miniature du *Roman de la poire* (XIIIe siècle).

Le récit de Calogrenant

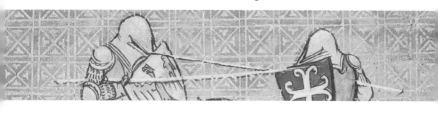

Arthur, le noble roi de Bretagne[1], dont la vie excellente nous enseigne à être preux[2] et courtois, tenait un jour sa cour plénière[3]. C'était à Carduel en Galles, pendant cette fête coûteuse qu'on appelle la Pentecôte. Après le repas, les chevaliers s'assemblèrent dans les salles où les avaient appelés les dames et les demoiselles. Les uns racontaient des nouvelles, les autres parlaient de l'Amour, des angoisses et des douleurs qu'il cause, comme aussi des grands biens qu'en reçoivent souvent ses fidèles.

Ce jour-là, beaucoup s'étonnèrent de ce que le roi se leva d'entre eux et se retira. Plusieurs en furent très fâchés, et en murmurèrent longuement pour cette raison que jamais on n'avait vu le roi, à une si grande fête, s'en aller dormir et reposer dans sa chambre. C'est ce qui advint[4] ce jour-là : la reine le retint, et il demeura tant auprès d'elle qu'il oublia la cour et s'endormit.

Dodinel et Sagremor, Keu et messire Gauvain, et avec eux messire Yvain, et un bon chevalier nommé Calogrenant étaient dehors à la porte de la chambre, et là, Calogrenant se mit à leur conter une histoire qui lui était arrivée, non pas à son honneur mais à sa honte.

Notes

1. **Bretagne** : ici, ce mot désigne la Grande-Bretagne (l'Irlande, le Pays de Galles, la Cornouailles) et la Petite Bretagne (la Bretagne française actuelle).
2. **preux** : courageux.
3. **sa cour plénière** : toute sa cour.
4. **ce qui advint** : ce qui arriva.

La reine prêtait l'oreille, et désireuse d'ouïr[1] le récit, elle quitta le roi, et vint tout doucement au milieu d'eux. Nul ne l'avait vue, et tous demeurèrent assis, à l'exception de Calogrenant qui se leva devant elle.

Keu, esprit pointu et persifleur[2], et connu pour sa malveillance, lui dit d'un ton plein d'aigreur :

– Par Dieu, Calogrenant, je vous sais vigoureux et alerte, et il m'est très agréable que vous soyez le plus courtois de nous tous. Et je vois bien que vous le pensez, tant vous avez l'esprit éventé[3]. Il est juste que madame croie que vous êtes plus poli et mieux élevé que nous. Sans doute, nous avons négligé de nous lever par paresse, ou parce que nous ne daignâmes ?... Ma foi, non, sire, nous n'avons pas vu madame, voilà tout.

– Keu, fit la reine, je voudrais que vous fussiez au diable, si vous ne pouvez pas vous vider du venin dont vous êtes plein.

– Dame, repartit Keu, si nous ne gagnons à votre compagnie, gardez[4] que nous n'y perdions pas. Je ne crois pas avoir dit une chose qui puisse m'être reprochée. Il n'y a pas lieu[5] et il ne serait pas courtois de se quereller à propos de sornettes[6]. Faites-nous plutôt écouter ce qu'il avait commencé.

Calogrenant répliqua :

– Sire, je n'ai pas souci de la dispute ; je la prise fort peu[7]. Si vous m'avez offensé, le dommage ne sera pas grand. Messire Keu, vous avez dit souvent des choses blessantes à des gens de plus grand mérite que moi : c'est assez votre habitude. Toujours le fumier sentira, et l'on verra toujours les taons piquer, les bourdons bourdonner et les fâcheux incommoder et nuire. Pour moi, je ne raconterai plus rien aujourd'hui, si madame me le permet, et je la prie de ne pas insister, et de m'accorder la faveur de ne pas me commander une chose qui me déplaît.

Notes

1. **ouïr** : entendre.
2. **persifleur** : moqueur.
3. **vous avez l'esprit éventé** : vous manquez de bon sens.
4. **gardez** : prenez garde.
5. **il n'y a pas lieu** : il n'y a pas de raison.
6. **sornettes** : sottises.
7. **je la prise fort peu** : je l'apprécie peu.

Yvain ou le Chevalier au lion de Chrétien de Troyes

— Dame, fit Keu, tous ceux qui sont ici vous en sauront bon gré[1], car ils écouteront volontiers le récit de Calogrenant. De grâce, n'en faites rien pour moi, mais par la foi que nous devons au roi, votre seigneur et le mien, commandez-lui de parler, vous ferez bien.

— Calogrenant, dit la reine, ne vous occupez pas de la provocation du sénéchal[2]. Il est coutumier de[3] dire du mal, et l'on ne peut le corriger. Je vous prie de n'en garder au cœur aucun ressentiment[4], et ne laissez point pour cela[5] de nous dire une chose plaisante à entendre, si vous voulez conserver mon amitié. Mais reprenez dès le commencement.

— Dame, ce que vous me commandez de faire m'est très pénible, certes. Je m'eusse laissé arracher un œil, si je ne craignais de vous mécontenter, plutôt que de raconter quoi que ce fût aujourd'hui. Mais je ferai ce qui vous convient, bien qu'il m'en coûte un peu. Écoutez donc !

Il advint il y a près de sept ans, que j'allais solitaire et cherchant aventure, armé comme un chevalier doit l'être. Je trouvai dans une forêt épaisse, un mauvais chemin, plein de ronces et d'épines où je m'engageai non sans peine. Je chevauchai[6] ainsi, tout le jour entier ou à peu près, tant que je sortis de la forêt qui se nomme Brocéliande, et lors j'entrai dans une lande[7]. À une demi-lieue galloise environ, j'aperçus une bretèche[8]. Je m'y dirigeai au trot. Je vis l'enceinte et le fossé qui en faisait le tour et qui était large et profond. Sur le pont se tenait le possesseur de la forteresse, qui portait un autour[9] sur le poing. Je ne l'avais pas encore salué, quand il vient me prendre à l'étrier et me pria

---

Notes

1. **vous en sauront bon gré** : vous en remercieront.
2. **sénéchal** : officier royal ; c'est le titre de Keu.
3. **il est coutumier de** : il a l'habitude de.
4. **ressentiment** : rancune.
5. **ne laissez point pour cela** : que cela ne vous empêche pas.
6. **je chevauchai** : j'allai à cheval.
7. **lande** : étendue de terre où ne poussent que certaines plantes sauvages.
8. **bretèche** : ici, château.
9. **autour** : oiseau rapace utilisé pour la chasse.

de descendre. Je descendis, je n'avais pas autre chose à faire, car j'avais besoin d'un hôtel. Il me répéta plusieurs fois tout d'un trait qu'il bénissait le hasard qui m'avait conduit à sa demeure. Alors nous passâmes la porte et entrâmes dans la cour au milieu de laquelle pendait un disque de cuivre. Le vavasseur[1] (à qui Dieu rende joie et honneur pour l'hospitalité qu'il me donna cette nuit) prit un marteau qui était pendu à un poteau et en frappa le disque. À ce signal, les gens enfermés dans le château descendirent dans la cour. Plusieurs prirent mon cheval que tenait le bon vavasseur. Cependant accourait à moi une pucelle[2] belle et avenante.

Je la regardai avec attention : elle était grande, droite et élancée. Elle me désarma fort adroitement, puis elle m'affubla[3] d'un court manteau d'écarlate couleur de paon et fourré de vair[4]. Tous s'étaient retirés, de sorte que nous restâmes seuls, ce qui me plut fort. Elle me fit asseoir dans un très joli préau clos de murs bas à la ronde. Je la trouvai si bien élevée et si bien parlante et instruite, et si charmante d'aspect et de manières que sa compagnie me fut délicieuse et je n'aurais voulu la quitter pour rien au monde. Mais le vavasseur vint nous déranger et nous chercher, quand ce fut l'heure du souper. J'obéis donc. Je ne vous dirai rien du repas qui fut excellent, puisque la pucelle était assise en face de moi.

Après souper, le vavasseur me dit qu'il ne savait depuis combien de temps il hébergeait des chevaliers errants qui allaient chercher aventure, mais il en avait tant reçu chez lui ! Il me pria aussi de repasser à mon retour si je pouvais. Je lui en donnai l'assurance, car c'eût été malhonnête de l'éconduire[5]. C'était le moins que je puisse faire.

Notes

1. **vavasseur** : vassal qui occupait le rang le plus bas dans la noblesse féodale.
2. **pucelle** : jeune fille.
3. **m'affubla** : m'habilla.
4. **vair** : fourrure.
5. **éconduire** : refuser.

Je fus très bien logé la nuit. Mon cheval fut sellé dès la pointe du jour, suivant ma recommandation. Enfin je dis adieu à mon bon hôte et à sa chère fille et pris congé d'eux.

À peine m'étais-je éloigné du château que je rencontrai, dispersés dans un essart[1], des taureaux sauvages qui combattaient entre eux de façon si farouche, et faisaient un bruit si terrible que, pour vous dire la vérité, je reculai de peur.

Je vis alors, assis sur une souche, une grande massue à la main, un vilain[2] ressemblant à un maure, lequel était si fort et si hideux qu'on ne pourrait le dire. Je m'approchai de cet être horrible : je vis qu'il avait la tête plus grosse que celle d'un roncin[3], cheveux touffus, front pelé large de plus de deux empans[4], oreilles moussues et grandes comme celles d'un éléphant, avec cela sourcils énormes, visage plat, des yeux de chouette, un nez de chat, la bouche fendue en gueule de loup, dents de sanglier aiguës et rousses, barbe noire et grenons[5] tortillés ; le menton joignait la poitrine, et l'échine[6] était longue, bossue et tortueuse. Il était appuyé sur sa massue et vêtu d'un accoutrement étrange qui n'était ni de toile ni de laine, mais de deux cuirs de bœufs attachés à son cou.

Aussitôt qu'il me vit, le vilain se dressa sur ses pieds. Je ne savais ce qu'il me voulait, et je me mis en état de me défendre tant que je vis qu'il restait tout coi[7], sans bouger. Il remonta sur son tronc et me regarda sans dire mot, comme une bête : je pensai qu'il n'avait pas de raison et ne savait parler. Toutefois je m'enhardis à lui adresser la parole.

– Va, lui dis-je, dis-moi si tu es bonne créature ou non. Et il me dit :

– Je suis un homme.

Notes

1. **essart** : terrain débroussaillé par le feu.
2. **vilain** : paysan.
3. **roncin** : cheval.
4. **empan** : ancienne mesure de longueur (environ 20 cm).
5. **grenons** : moustaches.
6. **échine** : colonne vertébrale.
7. **restait tout coi** : restait silencieux.

– Quel homme es-tu ?
– Tel que tu vois ; je n'ai jamais été autre.
– Que fais-tu ici ?
– Je garde ces bêtes dans ce bois.
– Tu les gardes ? Par saint Pierre, elles ne connaissent pas l'homme ; je ne crois pas qu'en plaine ou au bois, l'on puisse garder une bête sauvage à moins qu'elle ne soit attachée ou enfermée.
– Je garde pourtant celles-ci et les gouverne de telle manière qu'elles ne sortiront jamais de ce pourpris[1].
– Comment fais-tu ? Dis-moi le vrai.
– Il n'en est aucune qui ose bouger, dès qu'elles me voient venir. Quand je puis en tenir une, je l'empoigne si fortement par les cornes que les autres sont saisies de peur et s'assemblent autour de moi, comme pour demander merci[2]. Nul autre que moi ne pourrait se risquer au milieu d'elles sans être tué aussitôt. Je suis le seigneur de mes bêtes. Mais toi, veux tu dire qui tu es et ce que tu cherches ?
– Je suis, tu le vois, un chevalier en quête de ce qu'il ne peut trouver.
– Et que voudrais-tu trouver ?
– Des aventures pour essayer mon audace et ma vaillance[3]. Dis-moi, je te prie, en connais-tu quelqu'une que je puisse tenter ?
– Tu te fourvoies[4] ; je ne sais rien ici en fait d'aventures, et jamais je n'en ai ouï[5] parler. Mais si tu voulais aller jusqu'à une fontaine que je t'enseignerai[6], et que tu lui rendisses son droit[7], tu n'en reviendrais pas sans peine. Tu trouveras tout près d'ici un sentier qui t'y conduira. Va droit devant toi, si tu ne veux

---

Notes

1. **ce pourpris** : cet endroit.
2. **merci** : pitié.
3. **vaillance** : courage.
4. **tu te fourvoies** : tu te trompes.
5. **ouï** : entendu.
6. **que je t'enseignerai** : que je vais t'indiquer.
7. **et que tu lui rendisses son droit** : et en respecter la tradition.

pas perdre ton temps : tu pourrais sortir de ton chemin, car il y en a beaucoup d'autres. Tu verras cette fontaine qui bouillonne et qui est plus froide que marbre. Le plus bel arbre de la nature la couvre de son ombre ; il est vert en toute saison, et il y pend un bassin de fer par une longue chaîne qui tombe jusque dans la fontaine. Auprès tu trouveras un perron[1], comme jamais je n'en vis et ne saurai te dire et de l'autre côté une chapelle petite mais très belle. Si tu prends de l'eau dans le bassin et que tu la répandes[2] sur le perron, il s'élèvera une si épouvantable tempête que nul animal ne demeurera dans le bois, chevreuil, daim, cerf ni porc ; les oiseaux même fuiront à tire-d'aile[3], car tu verras foudroyer, venter, tonner et pleuvoir et les arbres fendus tomber sous les éclairs, et si tu peux échapper sans encombre, tu auras une chance que jamais chevalier n'a eue.

Je quittai là-dessus le vilain qui m'avait montré ma voie. L'heure de tierce[4] était passée, et il pouvait être près de midi, quand je vis l'arbre et la chapelle. Je puis dire de l'arbre que c'était le plus beau pin qui jamais vint sur la terre : si fort qu'il plût, il ne laissa passer une seule goutte de la pluie qui coulait toute par dessus. Je vis pendu à l'arbre le bassin qui était non de fer, mais de l'or le plus fin. Quant à la fontaine, vous pouvez croire qu'elle bouillonnait comme eau chaude. Le perron était d'émeraude, avec quatre rubis plus flamboyants que le soleil au matin quand il paraît à l'orient, et il était percé comme une boute[5]. Sur ma conscience, je ne vous mentirai en rien. Je fus curieux de voir la merveille de la tempête, ce fut folie de ma part, et je m'en fus désisté[6] volontiers, si j'avais pu, aussitôt que j'eus arrosé le perron de l'eau du bassin. J'en versai trop, je le crains, car je vis le ciel tellement démonté que plus de quatorze éclairs à la fois frappaient mes yeux, et que les nues[7] jetaient

---

Notes

1. **perron** : palier auquel on accède par plusieurs marches.
2. **que tu la répandes** : que tu arroses.
3. **à tire-d'aile** : très vite.
4. **tierce** : prière de neuf heures du matin.
5. **boute** : tonneau.
6. **je m'en fus désisté** : je me serais retiré.
7. **nues** : nuages.

pêle-mêle de la neige, de la pluie et de la grêle. Le temps était si gros et si affreux que cent fois je pensai être tué par les foudres qui tombaient autour de moi et par les arbres fracassés. Sachez que mon angoisse fut grande, jusqu'à la fin de l'orage. Heureusement il ne dura guère, et il plut à Dieu de calmer les vents et d'apaiser la tempête. Je fus transporté de bonheur, lorsque je vis le ciel se rasséréner[1] ; une telle joie fait vite oublier les plus grands tourments.

Je vis alors sur le pin des oiseaux assemblés en tel nombre, si vous voulez m'en croire, qu'il n'y avait branche ou feuille qui n'en parussent toutes couvertes, et l'arbre en était plus beau, et tous les oiseaux chantaient, mais chacun un chant différent et s'accordant ensemble en une merveilleuse harmonie. Je me réjouis de leur joie, j'écoutai jusqu'au bout leur office[2] ; je n'avais jamais ouï auparavant de si belle musique ; je ne pense pas que nul homme puisse en entendre une semblable à celle-ci qui me fut si suave et plaisante que je croyais rêver. Quand le chant cessa, j'entendis un galop qui s'approchait, et il me sembla au bruit que c'étaient des chevaliers au nombre d'au moins dix. Mais il n'y en avait qu'un seul qui menait tout ce fracas[3].

Quand je le vis venir, je resanglai mon cheval et ne fus pas lent à monter.

Le chevalier accourut, menaçant et plus rapide qu'un aileron[4]. D'aussi loin qu'il me put, il commença à crier :

– Vassal[5], vous m'avez outragé[6], sans provocation. Vous auriez dû me défier[7] ou au moins réclamer votre droit avant de partir en guerre contre moi, s'il y a quelque différend[8] entre nous. Mais si je puis, sire Vassal, je ferai retomber sur vous le

---

Notes

1. **se rasséréner** : s'éclaircir.
2. **office** : ici, cérémonie, fête.
3. **fracas** : bruit.
4. **aileron** : grand aigle.
5. **vassal** : homme lié par un serment de fidélité à un seigneur qui lui donnait une terre ou un domaine.
6. **outragé** : insulté.
7. **défier** : provoquer au combat.
8. **différend** : querelle.

dommage qui est patent[1]. La preuve en est dans mon bois qui est ravagé. Celui qui est lésé[2] doit se plaindre, et je me plains avec raison, vu que vous m'avez chassé de ma maison par la foudre et par la pluie. Vous m'avez molesté[3], et maudit soit qui l'approuvera ! Vous avez fait dans mon bois et dans mon château une dévastation contre quoi nul mur ne résiste, et tout secours d'armes et de gens est inutile. Par une telle tempête, il n'est pas de forteresse de pierre ou de bois où l'on soit en sûreté. Mais sachez bien que vous n'aurez de moi, désormais, trêve ni paix.

Là-dessus nous en vînmes aux mains[4]. Chacun embrassa son écu[5] et s'en couvrit le corps. Le chevalier avait un bon cheval bien plus fort que le mien, une lance d'une longueur et d'un poids énormes, et il était certainement plus grand que moi de la tête. Ce fut le comble de la malchance, je vous dis la vérité pour couvrir ma honte, je ramassai toute ma force et lui donnai le plus grand coup que je pus ; je l'atteignis à la boucle de l'écu ; ma lance vola en pièces, et la sienne resta entière. Il me frappa si rudement qu'il me mit à terre tout plat, puis sans me regarder, il prit mon cheval et s'en fut, me laissant honteux et mat[6]. Je m'assis pensif près de la fontaine et me reposai un peu. Je n'osai suivre le chevalier, c'eût été folie, et je ne sais ce qu'il devint.

À la fin, je délibérai[7] de tenir la promesse que j'avais faite à mon hôte, et de revenir par chez lui. Ce que je fis. Ayant jeté mon armure pour être plus agile, je m'en retournai tout confus.

J'arrivai le soir et trouvai le vavasseur tel que je l'avais laissé, aussi plein de bonne humeur et de courtoisie que la veille. Il ne me parut pas que sa fille ou lui me vissent avec moins de plaisir et me fissent moins d'honneur. Ils me dirent qu'ils n'avaient

---

Notes

1. **patent** : évident.
2. **lésé** : qui a subi un tort.
3. **molesté** : maltraité.
4. **nous en vînmes aux mains** : nous commençâmes à nous battre.
5. **chacun embrassa son écu** : chacun saisit son bouclier.
6. **mat** : vaincu.
7. **délibérai** : décidai.

jamais appris que nul eût pu s'échapper du lieu d'où je venais et n'y eût pas été tué ou retenu prisonnier.

Ainsi j'allais, ainsi je revins, non sans me tenir pour fou d'avoir commis une telle imprudence. Telle est mon histoire que j'ai eu
255 la sottise de vous conter, ce que je n'avais jamais voulu jusqu'ici.

La défaite de Calogrenant, miniature du Moyen Âge.

Au fil du texte

Questions sur *Le récit de Calogrenant* (pages 11 à 20)

Avez-vous bien lu ?

1. Où et quand l'action de ce chapitre débute-t-elle ?
2. Quel roi règne sur cet endroit ?
3. Qui raconte sa propre mésaventure ?
4. Par qui avait-il été hébergé ?
5. Dans sa quête* d'aventures, quel horrible personnage rencontre-t-il ?

* quête : recherche.

6. Que trouve-t-il à l'endroit indiqué par cet homme ?
7. Que se passe-t-il alors ?

Étudier le vocabulaire et la grammaire

8. Reliez les mots de la première colonne à leur synonyme* dans la deuxième colonne.

* synonyme : mot qui a le même sens qu'un autre.

    ouïr •   • courage
    persifleur •   • querelle
    preux •   • moqueur
    vaillance •   • entendre
    différend •   • courageux

9. À quel temps et à quel mode sont les verbes soulignés dans le passage suivant ?
   « De grâce, n'en <u>faites</u> rien pour moi, mais par la foi que nous devons au roi, votre seigneur et le mien, <u>commandez</u>-lui de parler, vous <u>ferez</u> bien. »

10 Séparez la phrase de l'exercice 9 en propositions* par des barres verticales. Combien avez-vous trouvé de propositions ?

> ** proposition :* **partie de phrase qui contient un verbe.**

11 Cochez la bonne réponse. Les propositions qui contiennent des verbes soulignés sont :

- ❏ déclaratives.
- ❏ interrogatives.
- ❏ impératives.
- ❏ exclamatives.

ÉTUDIER LE DISCOURS

12 Quelle forme de discours prédomine* dans le passage *« Il advint… »* (p. 13, l. 67) jusqu'à *« Toutefois je m'enhardis… »* (p. 15, l. 131-132) ?

> ** prédomine :* **est la plus fréquente.**

13 Quel est le temps verbal le plus utilisé dans ce passage ?

14 Quel est l'émetteur* dans ce passage ?

> ** émetteur :* **personne qui produit le message.**

15 Qui sont les destinataires* ?

> ** destinataire :* **personne qui reçoit le message.**

ÉTUDIER L'ÉCRITURE

16 Pour décrire le vilain rencontré par Calogrenant (p. 15), l'auteur utilise une énumération*. Délimitez-la par des crochets dans le texte et indiquez la nature des groupes de mots qui la composent.

> ** énumération :* **suite de mots de même nature, séparés par une virgule.**

Yvain ou le Chevalier au lion de Chrétien de Troyes

ÉTUDIER LA PLACE DE L'EXTRAIT DANS L'ŒUVRE

17) Cochez la bonne réponse. Ce chapitre pourrait être :

❏ l'élément perturbateur.

❏ la situation initiale.

❏ l'élément de résolution.

À VOS PLUMES !

18) Le sénéchal Keu, connu pour sa méchanceté et son caractère moqueur, raconte à sa manière la mésaventure de Calogrenant à un chevalier qui n'était pas présent lors du récit à la cour.

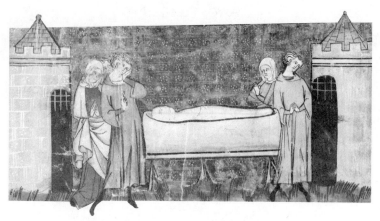

Le corps d'Esclados le Roux dans la salle du château.

La mort d'Esclados le Roux

Le roi Arthur décide de se rendre en forêt de Brocéliande avec sa suite pour affronter et vaincre le chevalier de la fontaine. Mais Yvain rêve d'accomplir cet exploit seul car le sénéchal Keu l'a vexé par ses moqueries lorsqu'il avait promis de venger Calogrenant, son cousin germain. Il part avant le roi et suit le même chemin que Calogrenant. Comme lui, il est hébergé par le vavasseur, croise le gardien des taureaux sauvages et renverse l'eau de la fontaine merveilleuse sur le perron, ce qui déclenche une affreuse tempête. Rendu furieux par les dégâts provoqués sur ses terres, Esclados le Roux, le châtelain de l'endroit, attaque Yvain. Un terrible combat s'engage pendant lequel le jeune chevalier blesse grièvement Esclados.

1   Le chevalier éprouva une si grande douleur que peu s'en fallut que le cœur ne lui manquât. Il sentit qu'il était blessé à mort et que toute défense était inutile, et il prit la fuite au galop vers sa ville.

5   Le pont était abaissé et la porte grande ouverte. Messire Yvain éperonna[1] de toute sa force et le poursuivit. Comme le gerfaut[2] randonne[3] la grue, prend son vol de loin, peu à peu l'approche, croit la tenir, mais n'y touche, ainsi fait messire Yvain qui chasse le fugitif et le serre de si près qu'il l'entend gémir et que peu

---

Notes

1. **éperonna** : piqua de l'éperon (pièce de métal fixée au talon, destinée à stimuler le cheval).

2. **gerfaut** : sorte de faucon, oiseau rapace.

3. **randonne** : s'élance sur.

s'en faut qu'il ne l'embrasse¹, et toutefois il ne parvient pas à l'atteindre. Le chevalier blessé s'enfuit de toute la vitesse dont il est capable. L'autre s'évertue à le chasser, car il croirait avoir perdu sa peine, s'il ne le prenait mort ou vif, quand il pense aux insolents propos de monseigneur Keu. Il n'est pas quitte de la promesse qu'il a faite à son cousin Calogrenant et on ne le croira que s'il donne la preuve de son exploit.

Le chevalier l'entraîna jusqu'à la porte de la ville, et tous deux y entrèrent. Ils ne trouvèrent homme ni femme dans les rues par où ils passèrent, et ils furent bientôt devant les murs du palais.

La porte en était large et haute, mais l'entrée était si étroite que deux hommes ou deux chevaux ne pouvaient sans encombre y passer de front, ou s'y rencontrer au milieu, car elle était faite comme le piège qui guette le rat, quand il vient au larcin : un couteau² y est suspendu qui se déclique et prend³, car il tombe au moindre mouvement de la clé⁴. Ainsi sur le seuil étaient deux trébuchets⁵ qui soutenaient une porte à coulisses⁶, toute en fer bien émoulu⁷. Si un homme ou un animal quelconque montait sur cet engin, la porte descendait, tranchant ou attrapant celui qui s'y était aventuré. Juste au milieu des deux trébuchets, le passage était aussi étroit qu'un sentier battu. Le chevalier s'y était engagé avec prudence ; et messire Yvain follement s'y jeta, bride abattue⁸ : il atteignit son adversaire presque à l'arçon⁹ de derrière ; il se pencha heureusement en avant, sans quoi il eût été pourfendu¹⁰. Le cheval marcha sur le bois qui soutenait la porte. Aussitôt comme diable d'enfer, l'huis s'abattit contreval¹¹, tranchant le destrier¹² par le milieu, avec le derrière de la selle

---

Notes

1. **l'embrasse** : le touche.
2. **un couteau** : ici, une lame.
3. **se déclique et prend** : se déclenche et tue.
4. **clé** : ici, un ressort.
5. **trébuchets** : ressorts.
6. **porte à coulisses** : herse.
7. **émoulu** : aiguisé.
8. **bride abattue** : à toute vitesse.
9. **arçon** : armature de la selle.
10. **pourfendu** : fendu de haut en bas.
11. **l'huis s'abattit contreval** : la herse tomba d'un seul coup.
12. **destrier** : cheval.

et les deux éperons au ras des talons de monseigneur Yvain. Il l'avait échappé belle. Il tomba à la renverse, saisi d'une grande frayeur ; et de cette façon le chevalier blessé à mort lui échappa.

40 Il y avait une seconde porte semblable à celle de devant, et qui tomba, quand le chevalier l'eut franchie.

Messire Yvain se trouva enfermé dans une salle toute cièlée[1] à clous dorés et dont les murs étaient ornés de riches peintures. Il fut stupéfait, mais ce qui le tourmentait le plus, c'était de ne pas
45 savoir où le chevalier s'était réfugié.

Tandis qu'il était plongé dans ces réflexions, il entendit ouvrir une petite porte d'une chambrette qui se trouvait à côté ; et il en sortit une demoiselle très belle et avenante ; après quoi l'huis se referma. Quand elle vit monseigneur Yvain, elle fut
50 tout d'abord interdite[2].

– Chevalier, fit-elle, je crains que vous ne soyez le malvenu. Si vous êtes vu céans[3], vous y serez mis en pièces, car messire est blessé à mort, et je sais que c'est vous qui l'avez tué. Madame en fait un tel deuil, et ses gens crient si fort que pour un peu
55 ils se tueraient de désespoir. Ils vous savent ici, mais ne songent guère à vous en ce moment, tant leur douleur est grande. Mais ils pourront vous tuer ou vous prendre, quand ils le voudront.

– S'il plaît à Dieu, répondit messire Yvain, ils ne me tueront pas, et je ne serai pas leur prisonnier.

60 – Non, fit-elle, et je vous y aiderai de tout mon pouvoir je vois que vous êtes prud'homme[4], car vous ne connaissez pas la peur. Je veux vous rendre service comme vous me fîtes naguère[5]. Une fois, madame m'envoya en message à la cour du roi. Peut-être ne me suis-je pas tenue comme une pucelle le doit,
65 mais il n'y eut pas un chevalier qui daigna m'adresser la parole à l'exception de vous seul. Je vous rendrai l'honneur que vous me fîtes ce jour-là. Je sais quel est votre nom, car je vous ai bien

---

Notes
1. **cièlée** : au plafond décoré.
2. **interdite** : très étonnée.
3. **céans** : en ces lieux, ici.
4. **prud'homme** : homme de valeur.
5. **naguère** : autrefois.

reconnu. Vous êtes le fils du roi Urien, et vous vous nommez messire Yvain. Or soyez sûr et certain que jamais, si vous voulez me croire, vous ne serez malmené ; vous n'avez qu'à prendre cet anneau que vous me rendrez, s'il vous plaît, quand je vous aurai délivré. Il a cette vertu[1], lorsque la pierre est tournée au-dedans, de rendre invisible celui qui le porte, ainsi que l'aubier[2] revêtu de son écorce.

Messire Yvain était très heureux du tour que prenait son aventure. Il accepta l'anneau, et ils allèrent s'asseoir sur un lit recouvert d'une couette magnifique. La pucelle lui dit ensuite que s'il voulait, elle lui apporterait à manger. Messire Yvain accepta volontiers. Elle sortit et revint promptement, apportant un chapon[3] rôti et un gâteau avec une nappe et un plein pot de vin excellent. Messire Yvain, qui avait faim et soif, but et mangea à souhait.

Cependant les chevaliers se mettaient en devoir de le chercher, car ils voulaient venger leur seigneur qui était déjà mis en bière[4].

– Ami, dit la pucelle, écoutez ! Ils vous cherchent. Il y a grand tapage dans la maison, mais quoi qu'il arrive, ne bougez pas, car ils ne vous trouveront pas, si vous demeurez sur ce lit. Vous allez voir cette salle envahie par des gens furieux qui pensent vous y trouver. Je crois qu'ils apporteront par ici le corps pour le mettre en terre. Ils fouilleront sous les bancs et sous les lits ; il serait divertissant, pour quelqu'un qui n'aurait aucun sujet de craindre, de voir ces gens aveuglés, car ils seront si déconfits[5] et si moqués qu'ils enrageront de colère. Je n'ai plus rien à vous dire, et je ne veux pas demeurer davantage. Mais puissé-je remercier Dieu qui m'a donné l'occasion de vous être utile.

Là-dessus, elle s'en retourna.

Notes
1. **cette vertu** : ce pouvoir.
2. **l'aubier** : la partie jeune de l'arbre, sous l'écorce.
3. **chapon** : jeune coq.
4. **bière** : cercueil.
5. **déconfits** : déçus.

Aussitôt que les gens furent assemblés, ils vinrent en foule aux portes des deux côtés, brandissant des bâtons et des épées ; ils virent sur le seuil la moitié du cheval tranché. Ils croyaient s'emparer, une fois entrés, de celui qu'ils cherchaient pour l'occire[1]. Ils firent enlever les portes qui avaient causé la mort de beaucoup. Il n'y eut cette fois ni trébuchet ni piège tendu ; ils pénétrèrent tous de front, et ils trouvèrent de l'autre côté l'autre moitié du cheval mort. Mais ils n'aperçurent, pas plus les uns que les autres, monseigneur Yvain qu'ils eussent massacré volontiers.

Celui-ci les voyait enrager, et rouler des yeux égarés, comme s'ils fussent hors de sens. Ils disaient :

– Qu'est-ce que cela signifie ? Il n'y a pas d'huis[2] ni de fenêtre d'où l'on puisse s'évader, à moins que d'être un oiseau, un écureuil ou une belette ou telle autre bête aussi petite ou plus encore, car les fenêtres sont ferrées, et les portes ont été fermées dès que messire eut déguerpi. Le meurtrier est ici, mort ou vif, car il n'est pas demeuré dehors. Il y a céans plus de moitié de la selle, et nous ne trouvons que les éperons tranchés qui lui tombèrent des pieds. Mais trêve de bavardage ! Cherchons dans tous les coins, car il est certainement ici ; ou nous sommes tous enchantés, ou c'est que le Maufé[3] nous l'a ravi[4] !

Et tous, échauffés de colère, le cherchaient dans la salle, frappant sur les parois, sur les lits et sur les bancs, sauf sur la couette où il gisait. Ils fouillèrent et fourgonnèrent[5] partout, comme des aveugles qui cherchent à tâtons.

Tandis qu'ils allaient battant les lits et les escabeaux, parut une des plus belles dames qu'ait jamais vue créature terrienne. Elle était si folle de douleur que pour un peu elle se fût tuée ; elle poussait de grands cris, puis n'en pouvant plus, elle tombait pâmée[6] ; et quand elle s'était relevée, elle recommençait à déchirer

---

Notes

1. **occire** : tuer.
2. **huis** : porte.
3. **le Maufé** : le Diable.
4. **ravi** : enlevé.
5. **fourgonnèrent** : tapèrent avec des bâtons.
6. **pâmée** : évanouie.

ses vêtements et à tirer ses cheveux. Rien ne pouvait la consoler, car elle voyait devant elle son seigneur qu'on emportait en bière. L'eau bénite, la croix et les cierges allaient devant avec les dames d'un couvent, puis venaient les textes et les encensoirs[1], et les clercs[2] qui donnent l'absoute[3] à l'âme infortunée.

Messire Yvain vit le deuil, entendit les pleurs qu'on ne saurait décrire ; et la procession passa dans la salle : tout à coup la foule se pressa autour de la bière, car le sang vermeil s'était mis à sortir de la plaie du mort, et c'était la preuve certaine que le meurtrier était là. Lors ils recommencèrent à chercher et à fouiller, tant qu'ils tréssuaient[4] tous de l'affolement et du vacarme qu'ils menaient devant le sang qui dégouttait de la bière.

Messire Yvain fut frappé et poussé dans l'endroit où il gisait mais il ne bougea pour autant ; et les gens enrageaient de plus en plus, s'émerveillant devant ces plaies qui se rouvraient et saignaient. Ils ne savaient à quoi s'en prendre, et chacun disait :

– Celui qui l'a tué est parmi nous, et nous ne le voyons pas : c'est merveille et diablerie !

L'étrangeté de ce spectacle redoublait la douleur de la dame qui s'écriait :

– Ha ! Dieu ! ne trouvera-t-on donc point l'homicide, le traître qui m'a tué mon bon mari, le meilleur des meilleurs, devrais-je dire ? Vrai Dieu, ce sera ta faute, si tu le laisses ainsi échapper ; je ne saurais blâmer autre que toi qui le dérobes à ma vue. Jamais on ne vit tel abus, et telle injustice que celle que tu commets à mon égard, quand tu ne me laisses voir celui qui est si près de moi. Je peux dire non sans raison qu'un fantôme ou que l'ennemi s'est glissé parmi nous. J'en suis toute ensorcelée. Puisqu'il est couard[5], il me redoute ; il est couard quand il me craint. Cela lui vient de grande couardise qu'il n'ose se mon-

---

1. encensoirs : récipients dans lesquels on brûle l'encens dans les cérémonies religieuses.
2. clercs : hommes d'église.
3. donnent l'absoute : accordent le pardon des péchés.
4. tréssuaient : transpiraient.
5. couard : peureux.

trer à moi ! Ah ! Fantôme, peureuse créature ! Pourquoi es-tu si lâche envers moi, quand tu fus si hardi envers mon seigneur ? Chose misérable, chose faillie, que ne t'ai-je en mon pouvoir ? Que ne puis-je te tenir ? Comment aurais-tu pu faire périr mon seigneur, sinon par trahison ? Jamais il n'eut été vaincu, s'il avait pu te voir, car il n'a pas son pareil au monde. Certes, si tu étais mortel, tu n'aurais pas osé attenter aux jours de ce chevalier sans pareil.

Ainsi la dame se révolte dans la douleur qui la brise, et se tourmente, et se met au supplice, et ses gens en ont grand deuil et compassion[1].

Ils avaient tant fouillé et exploré qu'ils furent las[2] des recherches, et les abandonnèrent découragés, ne pouvant mettre la main sur nul qui pût être soupçonné du meurtre.

Ils emportèrent le corps pour l'enfouir.

Tandis que les nonnians[3] et les prêtres, le service fini, sortaient de l'église, et se rendaient à la sépulture[4], la demoiselle que tout cela laissait indifférente, revint auprès de monseigneur Yvain.

– Beau sire, lui dit-elle, vous avez vu cette foule de gens armés se ruer sur vous. Dieu sait s'ils ont tempêté ! Ils ont fouillé tous les coins et cachettes plus menu[5] que braque[6] ne va quêtant la perdrix ou la caille. Vous avez eu peur sans doute.

– Plus que je ne pensais, ma foi. Mais si cela se pouvait, je verrai volontiers la procession et le corps par quelque pertuis[7] ou fenêtre.

Mais ce n'était pas au corps ni au convoi qu'il portait intérêt ; il eût voulu qu'ils fussent tous brûlés lui en eût-il coûté mille marcs, mille marcs, que dis-je ? trois mille.

Il demandait à voir la procession pour regarder tout à son aise la dame du château.

Notes
1. **compassion** : pitié.
2. **las** : fatigués.
3. **nonnians** : religieuses.
4. **sépulture** : ici, l'enterrement.
5. **plus menu** : avec plus d'attention.
6. **braque** : chien de chasse.
7. **pertuis** : ouverture.

La demoiselle le mit à une petite fenêtre, heureuse de s'acquitter envers lui de ce qu'elle lui devait.

La procession passa. La veuve continuait sa plainte à haute voix.

– Beau sire, disait-elle, Dieu ait merci de votre âme, aussi vrai qu'à mon escient[1], jamais preux assis sur selle ne vous valut, autant en vaillance qu'en courtoisie ! Largesse était votre amie, Courage votre compain[2]. Que votre âme soit en la compagnie des saints, beau doux sire !

Là-dessus, elle se frappe et déchire ses vêtements.

Messire Yvain se retient à grand-peine de courir l'en empêcher.

Mais la demoiselle le supplie et lui enjoint[3] de n'en rien faire.

– Vous êtes très bien ici, dit-elle ; n'en bougez jusqu'à tant que sa douleur soit calmée, et laissez partir ces gens, ce qui ne tardera guère. Si vous vous conduisez selon mes conseils, il en résultera grand bien pour vous. Demeurez ici pour voir aller et venir les gens qui passent, mais gardez-vous de toute imprudence. Le sage couvre ses folles pensées et tâche, s'il peut, à exécuter les bons desseins[4]. Ne mettez pas votre tête en gage, car on n'en prendrait pas rançon, et soyez attentif à bien suivre mes avis. Restez en paix jusqu'à ce que je revienne. Je ne puis demeurer davantage, car si l'on ne me voyait mêlée aux autres, l'on me soupçonnerait, et je serais rudement gourmandée[5].

Notes

1. **à mon escient** : à ma connaissance.
2. **compain** : compagnon.
3. **enjoint** : ordonne.
4. **desseins** : projets.
5. **je serais gourmandée** : on me ferait des reproches.

Au fil du texte

Questions sur *La mort d'Esclados le Roux* (pages 25 à 32)

QUE S'EST-IL PASSÉ ENTRE-TEMPS ?

1) Quelle décision le roi Arthur prend-il à la fin du récit de Calogrenant ?

2) Quel projet Yvain forme-t-il ?

3) Que lui arrive-t-il ?

AVEZ-VOUS BIEN LU ?

Cochez les bonnes réponses.

4) Yvain engage le combat avec le châtelain qui garde la fontaine périlleuse et …

❏ il est vaincu et bat en retraite.

❏ il le blesse grièvement, celui-ci en mourra.

❏ leurs forces étant égales, ils renoncent au combat.

5) Après le combat, Yvain …

❏ retourne au château du roi Arthur.

❏ pénètre dans le château de son adversaire.

❏ retourne chez le vavasseur.

6) Dans cet endroit, Yvain survit grâce à l'aide …

❏ de son cheval.

❏ de son lion.

❏ d'une demoiselle.

7 Yvain est le fils ...

❏ du roi Urien.

❏ du roi Arthur.

❏ de messire Gauvain.

ÉTUDIER LE VOCABULAIRE ET LA GRAMMAIRE

8 Donnez les synonymes* des mots :
• destrier • frayeur • ornés • occire

> *synonyme : mot qui a le même sens qu'un autre.

9 Séparez en groupes fonctionnels la phrase suivante et donnez la fonction de chaque groupe :
« *Il demandait à voir la procession pour regarder tout à son aise la dame du château.* » (p. 31)

ÉTUDIER LE DISCOURS

10 Dans le passage « *Le pont était abaissé...* » jusqu'à « *...devant les murs du palais* » (l. 5 à 19), relevez les reprises nominales et pronominales qui désignent :
– Yvain ;
– le châtelain ;
– les deux combattants.

11 Quels arguments la demoiselle emploie-t-elle pour empêcher Yvain de révéler sa présence dans le passage « *Vous êtes très bien ici...* » (l. 201) jusqu'à la fin du chapitre ?

ÉTUDIER L'ÉCRITURE

12 Quelle figure de style l'auteur utilise-t-il dans le passage suivant : « *La porte [...] était faite comme le piège qui guette le rat, quand il vient au larcin.* » (l. 20 à 23) ?

ÉTUDIER UN THÈME : L'OBJET MAGIQUE

13) Afin qu'Yvain échappe à ses poursuivants, la demoiselle le rend invisible en lui remettant ...

❏ un chapeau.

❏ un anneau.

❏ une épée magique.

LIRE L'IMAGE
(Document page 24)

14) À votre avis, qui sont les personnages présents autour du cercueil d'Esclados ?

15) Quelle remarque peut-on faire sur la taille des personnages par rapport à celle des deux tours ?

La rencontre entre Yvain et Laudine.

La veuve et le meurtrier

Yvain tombe amoureux de Laudine, la veuve d'Esclados le Roux, mais, en proie à une très vive douleur, celle-ci ne songe qu'à venger la mort de son époux. Cependant, la demoiselle qui avait sauvé Yvain à son arrivée au château l'aide à nouveau. Elle persuade sa maîtresse que, puisqu'il a vaincu le maître des lieux réputé pour son courage, il est le seul chevalier capable de défendre sa fontaine et d'empêcher ainsi la destruction de son royaume. Pressée de trouver un défenseur avant l'attaque annoncée du roi Arthur, Laudine accepte de rencontrer Yvain en secret.

1   Messire Yvain eut grande appréhension à l'entrée de la chambre où l'on attendait impatiemment sa venue et où il craignait d'être mal accueilli. La dame, quand elle l'aperçut, ne dit pas un mot, ce qui augmenta sa frayeur. Il se crut trahi, et il
5   demeura immobile à la porte.
   La pucelle s'écria :
   – Aux cinq cents diables qui mène dans la chambre d'une belle dame un chevalier qui n'ose approcher, et n'a ni langue ni esprit pour se faire connaître. Chevalier, çà venez ! N'ayez pas
10 peur que ma dame vous morde, mais implorez d'elle la paix. Et je la prierai avec vous qu'elle vous pardonne la mort d'Esclados le Roux, son défunt mari.
   Messire Yvain joignit les mains, s'agenouilla et parla en véritable ami :

— Dame, je ne crierai pas merci, mais je vous remercierai de tout ce que vous ferez de moi, car rien qui vienne de vous ne saurait me déplaire.

— Rien, sire ? Et si je vous faisais tuer ?

— Grand merci à vous, dame : vous n'entendrez jamais dire autre chose.

— Je n'ai jamais vu cela : vous vous mettez du tout au tout et volontiers en mon pouvoir, et cela sans que je vous contraigne[1].

— Dame, il n'est pas, sans mentir, une force comparable à celle qui me commande de faire votre entière volonté. Je ne redoute[2] rien de ce qu'il vous plaira de m'ordonner. Et si je pouvais réparer[3] le meurtre que j'ai commis malgré moi, je le réparerais sans contredire[4].

— Malgré vous ? Dites-moi comment, et je vous tiens quitte[5] de la réparation. Vous n'avez pas méfait[6] quand vous tuâtes mon seigneur ?

— Pardon, madame : quand votre seigneur m'attaqua, eus-je tort de me défendre ? Un homme attaqué qui tue celui qui veut le prendre ou l'occire fait-il mal ?

— Non, si l'on considère bien la justice, et je pense qu'il serait coupable s'il avait tué. Mais je voudrais bien savoir d'où vous vient cette force qui vous commande de m'obéir sans réserve. Je vous passe tout tort et tout méfait. Mais seyez-vous, et me contez[7] comment il se fait que vous vous êtes si bien apprivoisé[8].

— Dame, la force qui me pousse vient de mon cœur qui dépend entièrement de vous. C'est mon cœur qui m'a mis en ce désir.

— Et qui le cœur, bel ami ?

Notes
1. **sans que je vous contraigne** : sans que je vous y oblige.
2. **redoute** : crains.
3. **réparer** : effacer, faire oublier.
4. **contredire** : résister.
5. **je vous tiens quitte** : vous ne me devrez pas.
6. **vous n'avez pas méfait ?** : n'avez-vous pas mal agi ?
7. **me contez** : racontez-moi.
8. **apprivoisé** : soumis à ma volonté.

Yvain ou le Chevalier au lion de Chrétien de Troyes

– Vos yeux, madame.
– Et les yeux qui ?
– La grande beauté que je vis en vous.
– Et la beauté, qu'a-t-elle donc fait ?
– Elle a tant fait que je suis amoureux.
– Amoureux, et de qui ?
– De vous, chère dame.
– De moi ?
– Certes.
– De quelle manière ?
– De telle manière qu'un amour plus grand n'est pas possible, que mon cœur ne peut se séparer de vous et aller ailleurs, que je ne puis penser à autre chose, que je vous aime plus que moi-même et qu'à votre gré, pour vous je veux mourir ou vivre.
– Et vous oseriez entreprendre de défendre ma fontaine ?
– Oui, madame, contre tout homme.
– Sachez donc que la paix est faite entre nous.

Ainsi l'accord fut promptement conclu.

La dame avait tenu auparavant un parlement[1] avec ses barons.

– Nous irons dans cette salle, dit-elle, où sont mes gens qui m'ont conseillée et requise[2] de prendre un mari, pour la nécessité qu'ils y voient. Je le ferai aussi par nécessité. Ici même, je vous accorde ma main, car je ne la dois pas refuser à un seigneur, bon chevalier et fils de roi.

Là-dessus ils entrèrent dans la salle qui était pleine de chevaliers et de sergents. Messire Yvain avait si noble prestance[3] que tous le regardèrent avec admiration ; tous se levèrent devant lui et le saluèrent. Ils disaient :

– C'est sans doute celui que madame prendra. Malheur à qui s'y opposera, car il semble prud'homme à merveille. Certes l'impératrice de Rome serait bien mariée avec lui. Puisse-t-il

---

1. parlement : réunion.
2. m'ont requise : m'ont demandé.
3. prestance : allure.

avoir engagé sa foi à madame, et puisse-t-elle lui avoir promis
de l'épouser aujourd'hui ou demain !

La dame alla s'asseoir sur un banc, au bout de la salle, et messire Yvain fit mine de vouloir se placer à ses pieds, mais elle le fit lever. Puis elle invita le sénéchal à dire les paroles qui devaient être entendues de tous.

Lors le sénéchal obéit et parla à voix claire :

– Seigneurs, la guerre nous est déclarée. Le roi se prépare, avec toute la hâte possible, à envahir nos terres. Avant la fin de la quinzaine, elles seront dévastées, si nous n'avons un bon défenseur. Quand ma dame se maria, il y a sept ans, elle le fit par votre conseil. Notre seigneur est mort : il n'a plus qu'une toise[1] de terre, celui qui tenait tout ce pays et le gouvernait si bien : c'est grand deuil qu'il ait peu vécu. La femme n'est pas faite pour porter l'écu et la lance, mais elle peut s'amender[2] et se renforcer en prenant un bon seigneur ; jamais elle n'en eut plus grand besoin. Conseillez-lui tous de se remarier, plutôt que de laisser perdre la coutume qui existe en ce château, depuis plus de soixante ans.

Tous approuvèrent le sénéchal et vinrent aux pieds de la dame. Ils la pressèrent de mettre son dessein à exécution. Elle se fit prier et, comme malgré elle, octroya[3] ce qu'elle eût fait contre leur avis.

– Seigneur, dit-elle, puisque tel est votre plaisir, je vous dirai que ce chevalier, que vous voyez assis à mon côté, m'a beaucoup priée et requise. Il veut se mettre à mon service, et je l'en remercie. Et vous, remerciez-le aussi. Certes, je ne le connaissais point avant ce jour, mais j'avais beaucoup ouï parler de lui. Il est haut homme[4], sachez-le : c'est le fils du roi Urien. Outre qu'il est de haut parage[5], il est si vaillant, et il a tant de sens et de courtoisie

---

Notes

1. **toise :** mesure de longueur (près de deux mètres).
2. **s'amender :** s'améliorer.
3. **octroya :** accorda.
4. **haut homme :** homme de haute naissance, un noble.
5. **de haut parage :** noble.

que l'on ne doit pas me déconseiller de l'épouser. Vous avez entendu parler, je crois, de monseigneur Yvain : c'est lui qui me demande ma main. Je n'osais espérer un parti si avantageux.

– Si vous êtes raisonnable, dirent les chevaliers, vous n'attendrez pas à demain pour vous marier, car c'est folie que de retarder d'une heure le profit qu'on espère.

Ils la prièrent tant qu'elle octroya ce qu'elle aurait fait sans eux, car Amour le commandait. Mais la dame trouvait plus honorable de prendre mari, avec l'approbation[1] de ses gens ; les prières, loin de lui être une gêne, l'excitaient et l'encourageaient à suivre son penchant : le cheval fringant[2] redouble de vitesse quand on l'éperonne.

C'est ainsi que le jour même, dame Laudine de Landuc, fille du duc Laudunet, épousa monseigneur Yvain, fils du roi Urien.

Un chapelain prit leurs mains en présence de tous les barons. Les noces furent riches et magnifiques ; il y eut beaucoup de crosses[3] et de mitres[4], car la dame avait mandé[5] ses évêques et ses abbés.

Maintenant messire Yvain était le maître et le seigneur, et le mort était oublié ; le meurtrier était le mari de la veuve, et ils couchaient ensemble, et les gens aimaient et prisaient davantage le vivant qu'ils n'avaient fait le défunt[6]. Ils le servirent de leur mieux à ses noces qui durèrent jusqu'à la veille du jour où le roi Arthur vint à la fontaine merveilleuse. Il s'y rendit avec toute sa ménie[7], et nul compagnon ne fit défaut en cette chevauchée.

– Ah ! disait messire Keu, qu'est devenu messire Yvain, lui qui se vanta tant après boire qu'il irait venger son cousin ? Il s'est enfui, je le devine, car il n'osait plus se présenter à nos yeux. Il s'est vanté par orgueil. Il est bien hardi, celui qui ose se targuer[8]

Notes

1. **approbation** : accord.
2. **fringant** : vif.
3. **crosse** : bâton d'évêque.
4. **mitre** : haute coiffure portée par les évêques.
5. **mandé** : fait venir.
6. **défunt** : personne morte.
7. **sa ménie** : les personnages importants de sa cour.
8. **se targuer** : se vanter.

d'un exploit dont autrui ne le loue, sans apporter de preuves. Il y a une grande différence entre le mauvais et le preux : le mauvais, en face du danger, parle de lui abondamment, cherchant à abuser[1] les gens qu'il tient pour des sots ; le preux, au contraire, est fâché d'entendre célébrer ses mérites. Néanmoins j'accorde au mauvais qu'il n'a point tort de se vanter, car il ne trouve personne qui mente à sa place. S'il ne se loue, qui le louera ?

– Grâce, messire Keu ! s'écria Gauvain. Si messire Yvain n'est pas ici, vous ne savez s'il n'a pas un empêchement.

Jamais il ne s'est abaissé à vous dire autant de méchancetés qu'il vous a fait de courtoisies.

– Sire, puisque cela vous ennuie, je me tais.

Le roi versa un plein bassin d'eau sur le perron, et la pluie se mit à tomber à torrents. Puis le ciel se rasséréna, et les oiseaux chantèrent sur le pin.

Il ne se passa guère de temps que messire Yvain n'entrât, tout armé, dans la forêt, et ne vint au grand galop sur son cheval fringant.

Messire Keu résolut de demander la bataille au roi, car quelle qu'en fût l'issue[2], il voulait toujours commencer les combats et les joutes : faute de quoi[3], il se mettait en colère. – Keu, fit le roi, puisque vous désirez la bataille, elle ne vous sera pas refusée.

Keu remercie le roi, puis monta, Messire Yvain l'avait bien reconnu, à son armure ; et il se promettait bien de le couvrir de honte.

Il prit son écu par les enarmes[4], et Keu embrassa le sien.

Ils piquèrent, et allongeant leurs lances, ils les heurtèrent avec tant de force qu'ils les brisèrent tous deux sous le choc. Keu fait la tourne-boule par dessus les arçons, et il tomba, le heaume[5] en terre. La leçon suffisait à monseigneur Yvain qui descendit de cheval et prit le destrier de l'insolent.

Notes
1. **abuser** : tromper.
2. **issue** : résultat.
3. **faute de quoi** : sinon.
4. **enarmes** : courroies.
5. **heaume** : casque.

Sa déconvenue[1] fit plaisir à plusieurs qui disaient :

165 – Ahi, ahi ! vous voilà gisant tout plat, vous qui méprisiez tout le monde, et cependant il est juste qu'on vous le pardonne cette fois, puisque cela ne vous est pas encore arrivé !

Entretant[2], messire Yvain se présenta devant le roi, amenant le cheval par le frein[3].

170 – Sire, dit-il, prenez ce cheval, car ce serait mal à moi de garder ce qui vous appartient.

– Mais qui êtes-vous ? fit le roi. Je ne vous reconnaîtrai jamais, si vous ne me dites votre nom, ou si je vous vois désarmé.

Lors messire Yvain se nomma, Keu en fut assommé, honteux et confus plus qu'on ne saurait dire. Le roi et les autres ne cachèrent pas leur joie, et ils acclamèrent Yvain, surtout messire Gauvain qui aimait le chevalier par dessus tout.

Le roi le pria de raconter ses aventures. Il brûlait de les connaître.

180 Yvain raconta son histoire, dans ses moindres détails. Puis il pria le roi et tous les siens de lui faire l'honneur d'héberger chez lui.

Le roi répondit qu'il lui tiendrait volontiers compagnie, durant une semaine.

185 Ils montèrent aussitôt, et se dirigèrent vers Landuc par le plus court chemin. Messire Yvain envoya devant la route un écuyer qui portait un faucon gruyer[4], pour qu'ils ne surprissent point la dame et que ses gens embellissent les maisons.

Quand madame Laudine apprit la venue du roi, elle en fut
190 très heureuse ; ses gens ne furent pas moins contents. La dame leur commanda de monter et d'aller à sa rencontre.

Ils obéirent avec empressement.

Notes

1. **déconvenue** : défaite.
2. **entretant (entre-temps)** : pendant ce temps.
3. **frein** : courroie reliée au mors (pièce de métal passée dans la bouche du cheval pour le diriger).
4. **faucon gruyer** : oiseau rapace dressé pour chasser la grue.

Ils saluèrent en grande Pompe le roi de Bretagne d'abord, puis toute sa compagnie.

195 — Bienvenue, font-ils, à cette route formée de tels prud'hommes ! Béni soit celui qui les mène et qui nous donne de si bons hôtes !

Le bourg s'emplit d'une rumeur d'allégresse[1]. On para les murs de draps de soie, et des tapis furent étendus sur les pavés, 200 et pour garantir les rues du soleil, on les couvrit de courtines[2]. Les cloches, les cors et les bousines[3] retentirent à grand bruit dans la ville.

Devant le roi dansent les pucelles, sonnent des flûtes et les fréteaux[4], les timbres[5], les tablettes et les tambours. D'agiles bache-205 liers[6] sautent et font des tours d'adresse. Tous rivalisent de gaîté pour recevoir le roi.

La dame de Landuc était sortie dehors, vêtue d'une robe impériale brodée d'hermine, un diadème au front, tout orné de rubis. Elle n'avait pas la mine maussade, mais gaie et souriante, 210 et sur ma parole, elle était plus belle qu'une déesse. Autour d'elle se pressait la foule, et tous disaient, l'un après l'autre :

— Bienvenu soit le roi, et le seigneur des rois et des seigneurs du monde !

Le roi ne pouvait répondre à tous les saluts. Il vit venir à lui 215 la dame pour lui tenir l'étrier[7], mais il ne voulut point se prêter à cette courtoisie, et il se hâta de descendre, aussitôt qu'il la vit.

Elle le salua, lui disant :

— Bienvenu mille fois le roi mon seigneur et béni soit messire Gauvain son neveu !

220 — Que votre noble personne ait le bonjour, belle dame, répondit le roi.

Notes

1. **allégresse** : joie.
2. **courtines** : ici, rideaux.
3. **bousines** : trompettes.
4. **fréteaux** : flûtes à bec.
5. **timbres** : sortes de tambourins.
6. **bacheliers** : jeunes hommes qui voulaient devenir chevaliers.
7. **étrier** : anneau en métal qui soutient le pied du cavalier.

Ce disant, il l'embrasse, et elle fait de même et de son mieux.

Je ne dis rien de l'accueil qu'elle fit aux autres ; jamais gens ne furent aussi congratulés, aussi honorés et bien servis.

Je vous conterais amplement les réjouissances, si je ne craignais de perdre mon temps : je ferai seulement une brève mention de l'entrevue privée qu'il y eut entre la Lune et le Soleil. Savez-vous de qui je veux parler ?

Celui qui fut le maître incomparable des chevaliers et qui fut renommé par dessus tous doit bien être appelé soleil. J'entends par là monseigneur Gauvain, car il fit resplendir la chevalerie ainsi que le soleil du matin, en dardant ses rayons, illumine tous les lieux où il se répand. Comme au soleil aussi, je donne à Gauvain une lune qui ne peut être que de sens et de courtoisie. Mais je ne le dis pas seulement pour son bon renom, mais parce qu'elle avait pour nom Lunette.

C'était la demoiselle de madame Laudine, avenante[1] brunette, très aimable et très avisée[2], comme on l'a vu. Elle se lia vite avec monseigneur Gauvain qui la prisait beaucoup. Il l'appela son amie et lui offrit son service, parce qu'elle avait sauvé de la mort son compagnon et son ami.

Lunette lui raconta avec quelle peine elle avait convaincu la dame de prendre monseigneur Yvain pour mari, et comment elle avait délivré le chevalier, en le rendant invisible à ceux qui le cherchaient au milieu d'eux.

Messire Gauvain rit beaucoup de cette aventure et il dit à Lunette :

– Mademoiselle, je serai votre chevalier, vous me trouverez toujours dans le besoin ; ne me changez que pour un meilleur. Je suis vôtre, tel que je suis, et soyez dorénavant ma demoiselle.

Ainsi leur amitié fut nouée. Les autres, cependant, ne se privaient pas de donoyer[3], car il y avait là bien nonante[4] dames et

---

Notes

1. **avenante** : gracieuse.
2. **avisée** : intelligente.
3. **donoyer** : parler d'amour, courtiser.
4. **nonante** : 90.

demoiselles, toutes nobles et de haut lieu, aimables et preuses : ils pouvaient se divertir avec elles, mignoter et accoler[1], ou tout au moins ils avaient le plaisir de les voir, de leur parler et de s'asseoir auprès d'elles.

Messire Yvain se réjouit grandement du séjour du roi. La dame de Landuc honorait beaucoup les chevaliers de sa suite et faisait si bonne mine à chacun que plus d'un fol[2] prit ses sourires et ses attentions pour des preuves d'amour. On peut le traiter de fou, le malheureux qui se croit aimé parce qu'une dame courtoise s'amuse à l'agacer[3], et lui met les bras au cou. L'étourdi se laisse prendre aux belles paroles, et l'on a tôt fait de se jouer[4] de lui.

Les invités ont bien employé leur temps pendant la semaine entière. Il y eut maints déduits de bois et de rivière[5], au gré de chacun. Et qui voulut voir les terres acquises en mariage par monseigneur Yvain put aller s'ébattre à trois ou quatre lieues[6] dans les châteaux des environs.

Quand le séjour toucha à sa fin, le roi prépara son départ. Les chevaliers avaient fait tout ce qu'ils pouvaient pendant la semaine pour persuader monseigneur Yvain de partir avec eux.

– Comment ! lui disait messire Gauvain, seriez vous de ceux qui valent moins à cause de leurs femmes ? Honni[7] soit qui se marie pour déchoir[8] ! Qui a pour femme ou pour amie une belle dame doit s'amender, et il ne faut pas que, du moment qu'il aime, il perde son prix et son nom. Certes, ce ne sera pas là votre seule privation, si vous vous gâtez, vu que la femme a vite repris son cœur, et elle n'a pas tort de mépriser celui qui devient pire, dès que ses feux sont couronnés[9]. Songez d'abord

---

Notes

1. **mignoter et accoler** : échanger des gentillesses et des baisers.
2. **fol** : sot.
3. **agacer** : séduire.
4. **se jouer** : se moquer.
5. **maints déduits de bois et de rivière** : beaucoup de gibier et de poissons de pris.
6. **lieue** : ancienne mesure de distance (environ 4 km.).
7. **honni** : méprisé.
8. **déchoir** : tomber dans un état inférieur.
9. **dès que ses feux sont couronnés** : dès qu'il est aimé.

à votre renommée. Rompez le frein et le chevêtre[1]. Nous irons tournoyer[2], vous et moi, afin qu'on ne vous appelle pas jaloux. Vous ne devez pas demeurer oisif, mais hanter les joutes[3] et les tournois, coûte que coûte.

Messire Gauvain lui en dit tant, et tant le requit et pria qu'il obtint de lui la promesse qu'il demanderait congé à sa femme et s'en irait avec ses compagnons, quoi qu'il dût advenir.

Il tire à part Laudine qui ne se doute de rien et lui dit :

– Ma très chère dame, vous qui êtes mon cœur et mon âme, mon bien, ma joie et ma santé, promettez moi une chose pour votre honneur et pour le mien.

La dame, sans savoir de quoi il s'agit lui répond :

– Beau sire, demandez-moi tout ce qui vous sera bon !

Et messire Yvain lui requiert congé de convoyer[4] le roi et d'aller tournoyer, pour qu'on ne l'appelle pas recréant[5].

– Je vous accorde votre congé, répondit sèchement Laudine. Mais jusqu'au jour que je vous marquerai. Passé ce terme[6], l'amour que j'ai pour vous deviendra de la haine, soyez-en sûr. Sachez que je tiendrai ma parole, si vous ne tenez pas la vôtre. Si vous voulez conserver mon amour, et si je vous suis chère en rien[7], songez à revenir huit jours au plus tard après la Saint-Jean[8]. Aujourd'hui est l'octave de cette fête[9]. Vous serez perdu pour mon cœur si, à ce terme, vous n'êtes revenu auprès de moi.

– Dame, ce terme est bien lointain, dit messire Yvain en soupirant. Si je pouvais être pigeon toutes les fois que je voudrais, je serais souvent avec vous. Je prie Dieu qu'il lui plaise de ne pas me laisser si longtemps loin de vous. Mais tel compte tôt

---

Notes

1. **rompez le frein et le chevêtre** : libérez-vous.
2. **tournoyer** : participer à un tournoi (fête guerrière où les chevaliers s'affrontent).
3. **joutes** : combats à la lance.
4. **convoyer** : accompagner.
5. **récréant** : lâche.
6. **ce terme** : cette date.
7. **si je vous suis chère en rien** : si vous m'aimez.
8. **la Saint-Jean** : fin juin.
9. **l'octave de cette fête** : huit jours après cette fête.

retourner qui ne connaît l'avenir ; et je ne sais si quelque empêchement de fait, maladie ou captivité, ne me retiendra pas. Vous devriez réserver[1] le cas.

— Je le réserve. Mais à part cela, je n'admettrai nulle excuse. Si Dieu vous défend de mort, vous n'aurez aucun empêchement, tant que vous vous souviendrez de moi. Or mettez en votre doigt ce mien anneau que je vous donne, je vous dirai apertement[2] de sa pierre ce qu'elle est ; nul véritable et loyal amant ne perd de sang et ne tombe au pouvoir de ses ennemis, pourvu qu'il le porte et y tienne chèrement et qu'il lui souvienne de sa mie[3] : il devient plus dur que le fer. Celui-ci vous vaudra écu et haubert[4]. Ne le prêtez ni le baillez[5] jamais à nul chevalier. Je vous le donne par amour.

Messire Yvain a maintenant son congé. Le roi ne voulait plus attendre.

Les palefrois[6] furent amenés, garnis de selle et de frein.

On monta et se mit en route.

Je ne sais comment vous conter le départ de monseigneur Yvain, et les adieux, et les baisers qu'ils échangèrent, qui furent mouillés de larmes et embaumés de cœur. Et du roi que vous conterais-je, comment la dame le convoya, et ses pucelles avec elle, et ses chevaliers aussi ? J'y ferais trop longue demeure.

Le roi pria la dame qui pleurait, de retourner à son manoir ; ce qu'elle fit à grand-peine. Et le roi emmena ses gens.

Notes

1. réserver : prévoir.
2. apertement : clairement.
3. mie : femme, compagne.
4. haubert : longue cotte de mailles.
5. baillez : donnez.
6. palefrois : chevaux.

Le combat de deux chevaliers, xve siècle.

Au fil du texte

Questions sur *La veuve et le meurtrier* (pages 37 à 48)

QUE S'EST-IL PASSÉ ENTRE-TEMPS ?

1) De qui Yvain s'éprend-il* ?

* s'éprendre de : devenir amoureux de.

2) Qui l'aide à se rapprocher de la dame qui occupe ses pensées ?

3) Quel argument décide Laudine à rencontrer Yvain ?

AVEZ-VOUS BIEN LU ?

4) Qui Yvain épouse-t-il ?

5) Qui affronte-t-il pour défendre la fontaine ?

6) Quelle est l'issue de ce combat ?

7) Avec qui Lunette se lie-t-elle ?

8) Quel reproche Gauvain fait-il à Yvain ?

9) Quelle décision Yvain prend-il ?

10) À quelle condition Laudine accepte-t-elle la décision de Yvain ?

11) Quelle promesse Yvain fait-il à son épouse ?

ÉTUDIER LE VOCABULAIRE

12) Relevez cinq mots du champ lexical* du combat dans le passage « *Il prit son écu...* » jusqu'à « *... le destrier de l'insolent* » (l. 158 à 163).

* champ lexical : ensemble des mots et expressions qui se rapportent à une même idée.

Yvain ou le Chevalier au lion de Chrétien de Troyes

ÉTUDIER LE DISCOURS

13 Le passage « *La dame de Landuc...* » jusqu'à « *...plus belle qu'une déesse* » (l. 207 à 210), est-il ...

❏ une narration ?

❏ une description ?

❏ une argumentation ?
Justifiez votre réponse.

14 Qui est l'émetteur* dans le passage « *Je ne dis rien...* » jusqu'à « *... Savez-vous de qui je veux parler ?* » (l. 223 à 228).

* émetteur : personne qui produit le message.

15 À qui s'adresse-t-on dans ce passage ?

ÉTUDIER L'ÉCRITURE

16 Quelle est la figure de style utilisée dans la phrase « *monseigneur Gauvain, car il fit resplendir la chevalerie ainsi que le soleil du matin, en dardant ses rayons, illumine tous les lieux où il se répand.* » ?

À VOS PLUMES

17 Lunette écrit à une autre noble demoiselle pour lui décrire le mariage de sa dame avec Yvain.

LIRE L'IMAGE

18 Document page 49. Citez quelques éléments de l'équipement des chevaliers.

Document page 2 de couverture

19 Quel moment de l'action de ce chapitre cette illustration représente-t-elle ?

20 Combien de catégories de personnages sont présentes au repas ?

21 Que fait chaque catégorie ?

Enluminure du Roman du bon chevalier
Tristan de Léonois, xve siècle.

Le lion dompté

Yvain avait promis à Laudine de revenir au bout d'une année mais, trop occupé à tournoyer, il oublie sa promesse et ne rentre pas à la date fixée. Laudine envoie une jeune fille dénoncer cette trahison devant la cour du roi Arthur et récupérer la bague qu'elle avait confiée à Yvain. Elle ne veut plus le revoir. Fou de douleur, Yvain erre et tombe inanimé dans une forêt. Il est secouru par un ermite, puis il est recueilli et soigné par la dame de Noroison, la châtelaine de l'endroit. Pour la remercier Yvain la défend contre des attaquants mais refuse de l'épouser, car il est toujours amoureux de Laudine. Il reprend sa route.

1   Messire Yvain cheminait[1] pensif par la forêt profonde. Il erra tant qu'il ouït au loin un long cri douloureux. Il se dirigea de ce côté, et il vit dans un essart un lion aux prises avec un serpent qui vomissait des flammes ; le serpent l'avait saisi par la queue,
5   et il lui brûlait toute l'échine. Messire Yvain ne regarda pas longtemps cette merveille. Il se demanda auquel des deux il aiderait, et il se décida pour le lion, car on ne doit faire de mal qu'aux êtres venimeux et pleins de félonie[2]. Aussi tuera-t-il tout d'abord le serpent ; si le lion l'assaille ensuite, il le trouvera prêt
10 à la bataille, mais quoi qu'il advienne[3], messire Yvain portera secours à la noble bête, comme la pitié l'y invite.

Notes
1. **cheminait** : marchait.
2. **félonie** : traîtrise.
3. **advienne** : arrive.

Il tira l'épée, mit l'écu devant sa face pour se garantir du feu que le serpent ruait[1] par la gueule, plus large qu'une oule[2], et il attaqua la bête félonne : il la trancha en deux moitiés et frappa et refrappa tant qu'il la dépeça[3] en mille morceaux. Mais pour délivrer le lion, il dut lui couper un morceau de la queue.

Il crut que le lion allait fondre[4] sur lui, et il se prépara à se défendre. Mais cette idée ne vint pas au lion. Oyez ce que fit la bête franche et débonnaire[5]. Elle tint ses pieds étendus et joints, et sa tête inclinée vers la terre, et s'agenouilla par grande humilité, mouillant sa face de larmes.

Messire Yvain comprit que le lion le remerciait d'avoir tué le serpent, et de l'avoir délivré de la mort. Cette aventure lui plut fort. Il essuya son épée pleine de venin et de bave, et l'ayant reboutée au fourreau, il se remit à la voie[6]. Alors le lion s'en fut à ses côtés, et le suivit car il ne veut plus se séparer de son sauveur : il le gardera et le servira fidèlement toute sa vie.

Il alla devant, tant qu'il sentit sous le vent des bêtes sauvages en pâture[7]. L'instinct et la faim l'invitaient à aller en proie et à pourchasser sa vitaille[8]. Il se mit un peu dans leurs traces, pour montrer à son maître qu'il avait flairé quelque gibier, puis il s'arrêta et le regarda, comme pour attendre son bon plaisir. Yvain comprit bien au regard du lion qu'il ne voulait rien faire sans son ordre : qu'il demeurerait, si son maître demeurait, et qu'il prendrait la venaison[9] qu'il avait flairée, si l'autre faisait mine de le suivre. Alors messire Yvain l'excita, comme il eût fait d'un brachet[10].

Le lion remit aussitôt le nez au vent ; il ne s'était pas trompé, car à moins d'une archée[11], il vit un chevreuil qui pâturait tout

---

Notes

1. **ruait** : lançait violemment.
2. **oule** : marmite.
3. **dépeça** : coupa.
4. **fondre** : se jeter.
5. **débonnaire** : bonne.
6. **se remit à la voie** : se remit en route.
7. **en pâture** : en train de brouter.
8. **sa vitaille** : sa nourriture.
9. **venaison** : gibier.
10. **brachet** : chien de chasse.
11. **archée** : portée de flèche.

seul dans la vallée. Il eut vite fait de le prendre et de le saigner. Puis il le jeta sur son dos, et l'apporta tout chaud à son maître qui l'en chérit davantage.

Il était presque nuit, Messire Yvain résolut d'héberger dans le bois et de manger un peu de chevreuil. Il se mit à l'écorcher, lui fendit le cuir sous les côtes, lui enleva un lardé[1] de la longe[2], puis il tira du feu d'un caillou et alluma une bûche. Le lardé, mis à la broche, fut vite rôti. Mais ce dîner ne plut guère à monseigneur Yvain, car il n'avait ni pain, ni vin, ni sel, ni nappe, ni couteau ou autre ustensile.

Cependant le lion était couché à ses pieds, sans bouger, et il le regarda tant qu'il eût mangé du lardé à sa convenance. Le lion acheva le surplus jusqu'aux os.

Messire Yvain reposa toute la nuit, la tête appuyée sur son écu, et le lion eut tant de sens qu'il veilla et garda le cheval qui paissait l'herbe maigre du bois.

Ils partirent ensemble au matin, et pendant quinze jours, ils menèrent cette vie. Le hasard les conduisit à la fontaine sous le pin. Il s'en fallut de peu que messire Yvain ne redevînt fou de douleur, quand il approcha du perron et de la chapelle. Le malheureux était tellement accablé de regrets qu'il tomba en défaillance. Dans sa chute, son épée coula du fourreau : la pointe s'enfonça dans sa ventaille[3], et le sang jaillit sous la joue.

Le lion crut son maître mort et en fit une douleur indicible[4]. Pour un peu, il se serait bouté[5] la lame à travers le corps. Il se hâta de retirer l'épée avec ses dents, et l'appuya contre le tronc d'un arbre. Il sauva ainsi son maître qui courait à la mort,

---

Notes
1. **lardé** : morceau de lard.
2. **longe** : haut du dos.
3. **ventaille** : partie de la cotte de maille qui protège le bas du visage.
4. **indicible** : inexprimable.
5. **bouté** : planté.

comme un sanglier affolé qui fond droit devant lui, sans rien voir.

Quand messire Yvain revint de pâmoison[1], il gémit de plus belle d'avoir laissé passer l'année et d'avoir encouru[2] la haine de sa dame.

« Hélas ! dit-il, pourquoi ne se tue-t-il pas, le misérable qui s'est ôté lui-même la joie ? Que fais-je donc que je ne mets pas fin à mes jours ? Comment puis-je demeurer ici et voir tout ce qui me rappelle ma dame ? Que fait mon âme en un corps si dolent[3] ? Si elle l'avait fui pour toujours, il n'endurerait pas un tel martyre ! Mon devoir est de me mépriser et de me haïr à mort. Pourquoi m'épargnerais-je ? N'ai-je pas vu mon lion qui était si désespéré pour moi qu'il voulut se transpercer de mon épée ? Redouterai-je la mort, moi qui ai changé la joie en deuil ? Quelle joie ? La plus merveilleuse de toutes, mais elle a eu peu de durée. Qui a perdu un tel bien par sa faute n'a plus droit au bonheur. »

Tandis qu'il se lamentait ainsi, une captive[4], qui était enfermée dans la chapelle, l'ouït et le vit par une crevasse du mur.

– Dieu, fait-elle, qui entends-je là ? Qui se désole ainsi ?

– Vous-même, qui êtes-vous ? demande messire Yvain.

– Je suis, fait-elle une prisonnière, la plus malheureuse qui soit.

– Tais-toi, folle, répond Yvain ; ta douleur est plaisir, ton mal est un bien, au prix de ce que j'endure. Plus on est habitué à la joie et aux délices, plus le deuil égare et abat. Un homme faible porte par l'accoutumance[5] un fardeau qu'un plus robuste ne pourrait souffrir.

– Il est vrai, fait la captive, mais cela ne veut pas dire que vous soyez plus malheureux que moi : il m'est avis que vous pouvez aller et venir où il vous plaît, et moi je suis emprisonnée. Et

---

Notes
1. **revint de pâmoison** : reprit conscience.
2. **d'avoir encouru** : de s'être exposé à.
3. **dolent** : souffrant.
4. **captive** : prisonnière.
5. **accoutumance** : habitude.

voici le sort qui m'est réservé : demain je serai prise ici et livrée au supplice[1].

— Ah Dieu ! pour quel forfait[2] ?

— Sire chevalier, que Dieu n'ait pas merci de mon âme si je l'ai mérité ! Je suis accusée de trahison, et si je ne trouve quelqu'un pour prendre ma défense demain je serai pendue ou brûlée.

— Alors je puis bien dire que mon chagrin surpasse le vôtre ; car vous pouvez encore être délivrée.

— Oui, mais je ne sais par qui. Ils ne sont que deux au monde qui peuvent oser, pour me défendre, entreprendre un combat contre trois hommes.

— Comment ? Ils sont trois ?

— Oui, sire ; ils sont trois qui m'appellent traîtresse.

— Et qui sont ceux-là qui vous aiment tant, dont l'un serait assez hardi pour combattre contre trois, afin de vous sauver ?

— Je vous le dirai sans mentir : l'un est messire Gauvain, l'autre messire Yvain. C'est pour celui-là que je suis condamnée à mourir.

— Pour qui, dites-vous ?

— Pour le fils du roi Urien, sire, aussi vrai que je prie Dieu de me secourir.

— Je vous ai entendue. Eh bien ! vous ne mourrez pas sans lui. Je suis Yvain en personne, et vous êtes, je crois, celle qui m'a sauvé la vie dans la salle, entre les deux portes coulantes, où je fus pris et connus si grande angoisse ! J'eusse été tué ou pris, sans vos bons offices[3]. Or dites-moi, ma douce amie, quels sont ceux qui vous accusent de trahison et vous ont enfermée en ce cachot ?

— Sire, je ne vous le cacherai pas, puisqu'il vous plaît que je le dise. Il est vrai que je n'épargnai pas mes peines pour vous aider de bonne foi. Sur ma prière, ma dame vous prit pour époux ;

Notes
1. **livrée au supplice** : mise à mort.
2. **forfait** : crime.
3. **vos bons offices** : votre aide.

elle suivit mon conseil ; d'ailleurs je puis vous révéler maintenant que je le fis dans son intérêt plus que dans le vôtre. Mais quand il arriva que vous eûtes passé l'année sans revenir auprès d'elle, ma dame s'emporta contre moi et crut que je l'avais trompée. Le sénéchal, un larron[1] déloyal, rongé d'envie parce que ma dame m'accordait, plus qu'à lui, sa confiance en mainte affaire[2], en profita pour mettre la brouille entre nous. En pleine cour, devant tous, il m'accusa d'avoir trahi pour vous. Je n'avais d'autre soutien que moi seule, qui savais bien que je n'étais nullement coupable d'un tel crime. Effrayée, et sans prendre conseil de personne, je répondis que je me ferais défendre par un chevalier contre trois. Le félon[3] ne fut pas si courtois que de repousser une telle épreuve. Je ne pouvais me dérober et retirer mon offre. Il me prit au mot, et il fallut m'engager à trouver un tel chevalier dans un délai de quarante jours. Je me rendis en mainte cour, je fus auprès du roi Arthur, et ne trouvai personne qui voulût m'aider ou qui m'apprît quelque chose de vous qui me fût agréable, car on était sans nouvelles de vous.

– Et messire Gauvain, s'il vous plaît, le franc, le bon, n'en avez-vous pas entendu parler ? Jamais il ne refuse son assistance à pucelle abandonnée.

– Si je l'avais trouvé à la cour, rien n'aurait pu m'empêcher de lui adresser ma requête[4], mais un chevalier avait emmené la reine Guenièvre, me dit-on ; et le roi fut assez fou pour envoyer après lui. Je crois que le sénéchal Keu la conduisit au chevalier qui l'enleva. À monseigneur Gauvain échut la peine[5] de la chercher, et il ne reposera qu'il ne l'ait retrouvée. Telle est la vérité sur mon aventure. Demain par votre faute, je mourrai de mort honteuse et serai arse[6] sans recours.

Notes

1. **larron** : voleur.
2. **en mainte affaire** : à plusieurs occasions.
3. **félon** : traître.
4. **requête** : demande.
5. **à Gauvain échut la peine** : c'est Gauvain qui dut aller.
6. **arse** : brûlée.

Yvain ou le Chevalier au lion de Chrétien de Troyes

– À Dieu ne plaise, s'écria messire Yvain, que l'on vous fasse du mal pour moi ! Vous ne mourrez pas, tant que je vivrai. Vous pourrez m'attendre demain, tout prêt à vous rendre service, puisque je le dois, et à faire tous mes efforts pour votre délivrance. Mais gardez bien de ne révéler aux gens qui je suis. De quelque manière que tourne la bataille, veillez à ce que l'on ne me reconnaisse.

– Je mourrais plutôt, sire, que de révéler votre nom à qui que ce soit ! Mais je vous supplie de ne pas revenir pour moi. Je ne veux pas que vous entrepreniez une bataille si cruelle ! Merci de votre promesse, mais soyez-en quitte. Il est mieux que je meure seule que de les voir se réjouir de votre mort et de la mienne. Quand ils vous auraient tué, je ne leur échapperais pas pour cela. Mieux vaut que vous restiez vivant que nous mourions tous deux.

– Ce que vous me dites m'ennuie fort, douce amie, repartit[1] Yvain. Vous ne voulez pas être sauvée de la mort, ou vous dédaignez l'appui que je vous offre. Mais je ne veux plus disputer avec vous. Vous avez tant fait pour moi que je ne dois pas vous manquer dans le besoin. Ce combat vous épouvante, je le vois, mais s'il plaît à Dieu, ils en seront honnis tous trois. C'est assez, je m'en vais me loger dans ce bois, n'importe où, car il n'est point, que je sache, de maison dans le voisinage.

La demoiselle lui souhaita bonne nuit, et messire Yvain partit, suivi de son lion. Ils arrivèrent devant un recet[2] qui était clos tout autour de hautes et épaisses murailles. Ce château était fortement bâti et ne redoutait assaut de mangonneau et de perrière[3]. Mais hors des murs, la place était rase à ce point que borde[4] ni maison n'y restaient debout. Vous saurez pourquoi une autre fois, quand il y aurait lieu que je vous le dise.

Notes

1. **repartit** : répondit.
2. **recet** : château.
3. **mangonneau et perrière** : sortes de catapultes.
4. **borde** : cabane.

Le lion dompté

Messire Yvain se dirigea vers le recet. Aussitôt six ou sept valets descendirent le pont et allèrent à sa rencontre. Ils furent fort effrayés quand ils virent le lion, et ils prièrent le chevalier de laisser l'animal à la porte.

– Taisez-vous, répondit messire Yvain, car je n'entrerai pas sans lui. Nous logerons ici tous deux, ou je resterai dehors, car je l'aime autant que moi même. D'ailleurs vous n'avez rien à craindre ; je le garderai bien, vous pouvez être tranquilles.

– À la bonne heure, répondirent-ils.

Ils entrèrent alors au château, et tandis qu'ils avançaient, chevaliers et dames, et demoiselles avenantes allaient à leur rencontre, et les saluaient. On accourut pour le désarmer.

– Bienvenu soyez-vous, beau sire, disent-ils. Et Dieu vous donne de demeurer ici et d'en repartir joyeux et comblé d'honneur !

Depuis le plus haut jusqu'au moindre, ils s'empressent et lui font la fête. Ils l'emmenèrent au château, mais la joie qu'ils avaient menée fait bientôt place au chagrin. Les voilà maintenant qui se lamentent et crient, et s'égratignent le visage. Et tour à tour ils se réjouissent et ils pleurent. Ils s'efforcent d'être joyeux pour honorer leur hôte, bien qu'ils n'en aient guère envie, car ils sont épouvantés à la pensée du lendemain : avant midi, ils en sont sûrs et certains, ils courent une terrible aventure.

Messire Yvain était fort ébahi[1] de les voir ainsi changer de contenance[2]. Il en parla au seigneur de l'hôtel.

– Pour Dieu, lui dit-il, beau sire, voulez-vous me dire pourquoi vous m'avez tant honoré, et pourquoi vous vous réjouissez tant, et tant vous lamentez tour à tour ?

– Oui, s'il vous agrée[3], mais il vaudrait mieux que je le cèle[4]. Je ne voudrais pas vous dire une chose qui vous afflige[5]. Laissez-nous faire notre deuil : ne le prenez pas à cœur.

Notes

1. **ébahi** : étonné.
2. **contenance** : attitude.
3. **s'il vous agrée** : pour vous faire plaisir.
4. **cèle** : cache.
5. **afflige** : attriste.

– À aucun prix, répondit messire Yvain, je ne veux vous voir dans la tristesse, sans en prendre ma part.

– Alors je vous le dirai. Un géant m'a causé un grand dommage. Il voulait que je lui donnasse ma fille qui surmonte en beauté toutes les pucelles de la terre. Ce félon, que Dieu confonde, a nom Harpin de la Montagne. Il ne se passe un jour qu'il ne me prenne tout ce qu'il peut de mon avoir[1]. Nul mieux que moi ne doit s'affliger de ces choses ; je devrais être fou de douleur. J'avais six fils, les plus beaux du monde ; le géant les a pris. Il en a tué deux devant moi, et il tuera les quatre autres, si je ne trouve quelqu'un qui ose combattre avec lui, ou si je ne lui livre ma fille ; quand il l'aura entre ses mains, a-t-il dit, il l'abandonnera pour leur plaisir aux garçons les plus vils et les plus dégoûtants qu'il trouvera dans sa maison, car il ne daignerait plus la prendre. Je dois m'attendre à ce malheur demain, si la Providence[2] ne vient à mon aide. Ce n'est pas étonnant, sire, que nous pleurions ; pourtant nous tâchons de vous bien accueillir, car il est fou celui qui attire à lui un prud'homme et ne lui fait pas honneur, et vous me semblez prud'homme. Je vous ai dit notre grande détresse. Le géant ne nous a laissé, dans le château et la forteresse, que ce que nous avons céans. Si vous y avez pris garde, vous avez bien vu de vos yeux qu'il ne nous reste pas un nœud vaillant[3] : hormis[4] ces murs tout neufs, il a rasé tout le bourg. Quand il eut emmené ce qu'il voulait, il mit le feu au reste.

Messire Yvain écouta le récit de son hôte, et lui dit :

– Sire, je suis très peiné pour vous. Mais je m'étonne que vous n'ayez pas demandé secours au roi Arthur. Nul félon n'est si redoutable qu'il ne trouve à la cour tels[5] qui mettraient volontiers sa valeur à l'épreuve.

Notes
1. **de mon avoir** : de ce que je possède.
2. **la Providence** : la sagesse de Dieu.
3. **pas un nœud vaillant** : rien.
4. **hormis** : à part.
5. **tels** : des hommes.

— Ah ! repartit le riche homme, si j'avais su où trouver monseigneur Gauvain, je ne l'aurais pas prié vainement[1], car ma femme est sa sœur germaine, mais un chevalier d'étrange terre[2] est venu à la cour requérir[3] la femme du roi et l'a emmenée. Cela n'eût pas été possible, ne fût Keu qui enjôla[4] si bien le roi qu'il lui bailla[5] la reine et la mit sous sa garde. Il fut fou, et elle folle de se fier[6] à sa conduite. C'est pour moi un grand dommage et une grande perte, car c'était chose certaine que messire Gauvain fût venu ici en toute hâte pour protéger sa nièce et ses neveux. Mais il ignore mon malheur, dont je suis si dolent que le cœur m'en crèverait pour un peu. Il est parti à la poursuite du ravisseur, à qui donne Dieu male honte !

Messire Yvain poussa de profonds soupirs, en entendant ces mots. Il répondit, ému de pitié :

— Beau sire, je me mettrais volontiers en péril[7], si le géant et vos fils venaient d'assez bon matin et n'y faisaient trop long retard, car je serai ailleurs qu'ici demain à l'heure de midi, comme je m'y suis engagé.

— Je vous remercie mille fois, beau sire, de votre bonne volonté.

Et tous les gens de l'hôtel disent de même.

À ce moment sortit d'une chambre la pucelle qui était gentille de corps, et de face belle et plaisante. Elle s'avança simplement, pâle et silencieuse, et la tête inclinée vers la terre, et sa mère venait à côté d'elle, car le seigneur qui les avait mandées voulait les présenter à son hôte. Elles s'étaient enveloppées de longs manteaux pour cacher leurs larmes. Il leur commanda de se découvrir et de lever la tête.

— Ce que je vous commande de faire ne doit vous affliger, dit-il, car Dieu nous amène céans un prud'homme bien né[8] et

---

Notes

1. **vainement** : inutilement.
2. **d'étrange terre** : d'un autre pays.
3. **requérir** : chercher.
4. **enjôla** : réussit à convaincre.
5. **lui bailla** : lui confia.
6. **se fier** : faire confiance.
7. **en péril** : ici, à l'épreuve.
8. **bien né** : qui a de bonnes intentions.

de grand courage, qui m'assure qu'il combattra contre le géant. Jetez-vous à ses pieds.

– Que Dieu ne le permette, fit aussitôt messire Yvain. Il ne serait pas convenable que la sœur et la nièce de monseigneur Gauvain se missent à mes pieds. Dieu ne fasse que l'orgueil m'enfle à ce point que je tolère une telle chose ; j'en porterais une honte ineffaçable. Mais je leur saurais bon gré si elles prenaient courage jusqu'à demain, pour voir si Dieu viendra les aider. Il est inutile de me prier dorénavant ; il faut seulement espérer que le géant viendra assez tôt pour que je puisse fausser parole, car je ne laisserais pour rien au monde d'être à midi à la plus grande affaire que je ne puis jamais avoir.

Au fil du texte

Questions sur *Le lion dompté* (pages 53 à 63)

QUE S'EST-IL PASSÉ ENTRE-TEMPS ?

1 Yvain respecte-t-il la promesse faite à Laudine ?

2 Pourquoi celle-ci envoie-t-elle une demoiselle à la cour du roi Arthur ?

3 Qu'arrive-t-il à Yvain ?

AVEZ-VOUS BIEN LU ?

4 Qui Yvain sauve-t-il et quel compagnon fidèle aura-t-il désormais* ?

* *désormais* : à partir de ce moment.

5 Sous quel nom connaîtra-t-on désormais Yvain ?

6 Où leurs pas les conduisent-ils ?

7 Quels sentiments cet endroit éveille-t-il dans le cœur du chevalier ?

8 Quelle captive découvre-t-il ?

9 Pourquoi est-elle prisonnière ?

10 Quelle décision Yvain prend-il ?

11 Qui d'autre est en danger à la fin de ce chapitre ?

12 Quel est ce péril ?

ÉTUDIER LE VOCABULAIRE ET LA GRAMMAIRE

13 Formez des adverbes de manière à partir des adjectifs ci-dessous. Indiquez comment vous avez procédé.
- pensif
- douloureux
- indicible

14 Relevez les verbes conjugués dans les passages :
A. « *Il tira l'épée...* » jusqu'à « *Mais cette idée ne vint pas au lion.* » (l. 12 à 18).
B. « *– Dieu, fait-elle...* » jusqu'à « *...un fardeau qu'un plus robuste ne pourrait souffrir* » (l. 86 à 94).
À quel temps sont la majorité des verbes conjugués dans le passage A ? Et dans le passage B ? Pouvez-vous expliquer cette différence ?

ÉTUDIER LE DISCOURS

15 Qui est l'émetteur* et qui est le destinataire* dans le passage « *Hélas...* » jusqu'à « *...n'a plus droit au bonheur.* » (l. 72 à 83) ?

16 Relevez tous les mots qui représentent l'émetteur dans ce passage. Donnez leur nature.

* émetteur : personne qui produit le message.
destinataire : personne qui reçoit le message.

ÉTUDIER LA PLACE
ET LA FONCTION DE L'EXTRAIT DANS L'ŒUVRE

17 Comparez les raisons qui incitent Yvain à combattre :

a) lorsqu'il quitte la cour du roi Arthur.

b) lorsqu'il quitte Laudine en compagnie de Gauvain.

c) dans ce chapitre…
– contre le serpent.
– contre les trois accusateurs de Lunette.
– contre le géant Harpin de la Montagne.
Que constatez-vous ?

Le Livre de Lancelot du Lac.

Le château maudit

Fidèle à ses promesses, Yvain combat et tue le géant qui menaçait son hôte, puis il se rend au château de Laudine pour affronter les trois courtisans qui ont accusé Lunette de trahison. Revêtu de son armure, personne ne le reconnaît. Avec l'aide de son fidèle lion, il sort à nouveau vainqueur de ce combat, innocentant ainsi Lunette.

Une autre demoiselle, l'une des filles du seigneur de la Noire-Épine qui vient de mourir, est déshéritée par sa sœur aînée. Le roi Arthur lui donne quarante jours pour trouver un chevalier qui combattra celui qui défend la cause de sa sœur. Malade, elle envoie une jeune fille à la recherche de Yvain car elle a entendu parler de son courage et de sa générosité. La jeune fille le trouve et, en chemin, ils décident de faire étape au château de Pême-Aventure malgré les avertissements des gens qu'ils rencontrent. À leur arrivée, Yvain est frappé par la détresse d'un grand nombre de prisonnières qui semblent vivre comme des esclaves. Cependant, le châtelain les accueille convenablement.

1   Au matin, quand Dieu, qui ordonne tout avec méthode, eut allumé son luminaire, par le monde, aussitôt qu'il pouvait le faire, messire Yvain se leva promptement, et sa pucelle aussi. Puis ils ouïrent la messe du Saint-Esprit à la chapelle voisine.

5   Alors il apprit une terrible nouvelle : quand il pensait s'en aller sans encombre[1], cela ne fut point à son choix[2]. Quand il dit :

Notes

1. **sans encombre :** sans difficultés.

2. **cela ne fut point à son choix :** ce ne fut pas le cas.

— Sire, je m'en vais avec votre congé[1].

— Ami, fit le maître de la maison, je ne vous le donne pas encore. Je ne le puis en justice, car il y a dans le château une très mauvaise coutume de diablerie, laquelle est établie depuis longtemps, et que je suis obligé d'observer. Je ferai venir ici deux miens sergents[2] très grands et très forts ; il vous faudra prendre les armes contre eux, de gré ou de force. Si vous pouvez vous défendre victorieusement et les occire tous deux, vous prendrez ma fille en mariage, et vous posséderez ce château et toutes ses dépendances.

— Sire, répondit messire Yvain, je n'ai point désir de me marier. Que votre fille vous demeure ; ce serait un excellent parti pour l'empereur d'Allemagne, car elle est très belle et bien apprise[3].

— Taisez-vous, bel hôte ; vous vous excuserez vainement, car vous ne pouvez échapper à la nécessité. Qui pourra vaincre ces deux maufés[4] qui vont vous assaillir doit avoir ma fille pour femme, et mon château et toute ma terre. Le combat ne peut manquer d'avoir lieu. Je vois bien que c'est la couardise[5] qui vous fait ainsi parler ; vous pensiez éviter la bataille. Mais sachez qu'il vous convient de combattre. Nul chevalier qui couche ici ne peut en être exempt[6] ; c'est une coutume, qui aura longue durée, car ma fille ne sera mariée tant qu'elle n'aura pas vu les maufés morts et conquis.

— Il me faut donc jouter malgré moi ; je m'en fusse bien passé ! Mais puisqu'il en est ainsi, je me battrai.

Les fils du Luiton[7] s'avancèrent ; ils étaient hideux et noirs ; ils avaient tous deux un bâton cornu de cornouiller[8], garni de cuivre et lié d'archal[9]. Ils étaient armés des épaules jusqu'au bas

---

Notes

1. **avec votre congé** : avec votre permission.
2. **deux miens sergents** : deux de mes hommes.
3. **apprise** : éduquée.
4. **maufés** : diables.
5. **couardise** : peur.
6. **en être exempt** : l'éviter.
7. **les fils du Luiton** : les deux hommes.
8. **cornouiller** : arbre dont le bois est dur.
9. **lié d'archal** : entouré de fils de laiton.

des genoux, mais ils avaient la tête découverte, ainsi que les jambes qui n'étaient pas menues[1] ; ils tenaient sur leurs chefs[2] des écus ronds, forts et légers pour l'escrime.

Le lion, dès qu'il les vit, commença à frémir ; il comprenait qu'ainsi équipés, ils venaient combattre son maître. Il se hérisse, et se dresse farouche et tout tremblant de colère ; il bat la terre de sa queue, bien décidé à s'élancer à la rescousse, avant qu'il soit trop tard.

Quand les fils du Luiton le virent, ils s'écrièrent :

– Vassal, écartez votre lion qui nous menace ; ou proclamez-vous recréant, ou mettez-le en tel lieu qu'il ne puisse vous aider et nous nuire[3].

– Vous qui le redoutez, fit messire Yvain, ôtez-le d'ici, car il ne me déplaît nullement qu'il vous gêne, et s'il m'aide, j'en serai fort aise.

– Par ma foi, font-ils, cela ne sera pas. Faites au mieux que vous pourrez, tout seul contre nous deux : c'est la règle. Il vous faut, bon gré mal gré[4], ôter votre lion d'ici.

– Où voulez-vous que je le mette ?

Lors ils lui montrèrent une chambre, et ils dirent :

– Enfermez-le là-dedans.

– Comme vous voulez, dit messire Yvain.

On enferma le lion ; messire Yvain revêtit ses armes, puis monta[5]. Quand ils virent le lion en sûreté, les deux champions s'élancèrent, brandissant leurs masses. Écu ni heaume ne résistent à l'effort de leurs bras ; l'un est défoncé, l'autre se brise comme glace, si bien qu'à travers les trous on pourrait mettre le poing.

Mais le chevalier se défend avec une ardeur que redoublent la honte et la crainte. Il s'évertue[6] à frapper de toute sa force,

---

1. menues : fines.
2. leurs chefs : leurs têtes.
3. nuire : ici, attaquer.
4. bon gré mal gré : que ça vous plaise ou non.
5. monta : monta à cheval.
6. s'évertue : fait de son mieux.

Le château maudit | 69

mais les coups pesants qu'il leur assène[1] ne font qu'exciter leur vigueur.

Cependant le lion était debout, enclos[2] dans sa chambre, car il lui souvenait des bontés du franc chevalier, qui, certes, à cette heure avait bien besoin de son aide.

Il voudrait lui rendre ses bienfaits au grand muid[3] : messire Yvain n'aurait pas de mécompte[4], si le lion pouvait sortir de son cachot. Il va regarder en tous sens, et ne vit pas une fente par où il puisse s'échapper. Il entend le fracas de la bataille qui est vilaine et périlleuse, et il en ressent telle douleur qu'il enrage comme un forcené. Tant il va fouillant qu'il pénètre à travers le seuil, qui était demi-pourri près de la terre, et tant il y gratte qu'il s'y fiche et s'y blottit jusqu'aux reins.

Déjà messire Yvain était harassé[5], car les deux truands étaient endurcis et terriblement forts. Il avait rendu autant de coups qu'il avait pu mais il ne les avait pas blessés, car ils étaient savants en escrime, et leurs écus étaient si solides qu'une épée ne pouvait les ébrécher[6], tant fût-elle tranchante et acérée. Aussi courait-il grand risque de périr de malemort[7]. Il tint bon cependant : il résista tant qu'à la fin le lion, après avoir longtemps gratté et fouillé, passa dessous la porte.

Si les félons ne sont pas matés cette fois, ils ne le seront jamais, car le lion ne lâchera pas sa proie vivante !

Il en accroche un, le trébuche et le roule par terre ainsi qu'une pelote. Les deux gloutons[8] sont effrayés. Il n'est homme ni femme sur la place qui ne se réjouisse de voir le premier à bas, car il ne se relèvera point, si l'autre ne le sauve. Celui-ci s'élance, tant pour secourir son compagnon que pour se défendre lui-même, dans la crainte que le lion ne s'attaque à lui à son tour.

Notes

1. **assène** : envoie violemment.
2. **enclos** : enfermé.
3. **au grand muid** : au centuple.
4. **n'aurait pas de mécompte** : n'aurait pas à s'en plaindre.
5. **harassé** : épuisé.
6. **ébrécher** : abîmer en cassant le bord.
7. **périr de malemort** : mourir.
8. **gloutons** : ici, canailles.

Messire Yvain serait bien fol s'il ne devançait le glouton qui s'est présenté, le chef nu ; il lui fait voler la tête du tronc, avant qu'il ait pu ouvrir la bouche. Cela fait, messire Yvain accourt auprès de celui que le lion retient entre ses griffes, et qu'il a mis si mal en point que le médecin y perdrait sa peine. Messire Yvain écarta la noble bête, et vit que le maufé avait l'épaule arrachée ; il n'était plus redoutable, car il avait perdu son bâton, et gisait, sans mouvement, bien près d'être mort. Il put pourtant desserrer les dents, et il dit :

– Ôtez votre lion, beau sire, s'il vous plaît, qu'il ne me touche plus : désormais vous pouvez faire de moi tout ce que bon vous semblera. Qui demande grâce doit être entendu, s'il ne trouve homme sans pitié. Je ne me défendrai plus, je me remets en votre main.

– Avoue-toi donc vaincu et recréant.

– Sire, il y paraît bien. Je suis vaincu malgré moi, et recréant, je vous l'octroie.

– Alors tu n'as rien à craindre de moi, et mon lion te laissera en repos.

Aussitôt tous les gens vinrent à grande allure, et le sire et la dame s'empressèrent auprès du chevalier, et ils lui dirent en l'accolant[1] :

– Vous serez notre damoiseau[2] et notre seigneur, et notre fille sera votre dame, car nous vous la donnons pour femme.

– Et moi, fit messire Yvain, je vous la rends. Gardez-la. Je ne le dis pas par dédain, mais je ne puis ni ne dois la prendre. Mais, s'il vous plaît, délivrez les captives. Le terme est venu, vous le savez, où elles doivent être libres.

– C'est vrai, dit le seigneur, je n'y puis contredire, je vous les abandonne. Mais daignez prendre, vous ferez bien, ma fille avec tout mon avoir : elle est belle, gentille et sage. Jamais vous ne trouverez plus riche parti.

Notes : 1. l'accolant : l'embrassant.   2. damoiseau : ici, seigneur.

– Sire, répondit Yvain, vous ne connaissez pas mes affaires, et l'empêchement que j'ai, et je n'ose vous le raconter. Mais sachez que si je refuse ce que nul ne refuserait, c'est qu'il ne peut en être autrement. Ne m'en parlez plus. La demoiselle qui est venue avec moi m'attend ; elle m'a tenu compagnie, et je veux la lui tenir à son tour, quoi qu'il arrive.

– Vous voulez partir ? Jamais, si je ne l'ordonne, ma porte ne vous sera ouverte, mais vous resterez en ma prison. Vous me faites injure en dédaignant ma fille que je vous offre.

– Non pas, sire, mais je ne puis épouser femme ni demeurer pour rien au monde. Mais s'il vous plaît, je vous promettrai de ma main droite qu'aussi vrai que vous me voyez, je reviendrai, si je le puis, et prendrai ensuite votre fille à l'heure qu'il vous sera bon.

– Maudit soit qui vous en demanderait foi, pleige[1] ou sûreté ! Si ma fille vous plaît, vous reviendrez en hâte, et vous ne reviendriez pas plus tôt pour promesse ou serment. Allez ! je vous dégage de toute garantie ou promesse. Que pluie ou vent vous retienne, ou pur néant, il ne me chaut[2]. Je n'ai pas une fille si méprisable que je vous la donne de force. Or allez à votre besogne. Car il m'importe autant de votre départ que de votre séjour.

Là-dessus messire Yvain s'en retourna, emmenant avec lui les captives que le sire lui avait rendues, pauvres et bien mal habillées. Il lui semblait bien néanmoins qu'elles fussent riches ; elles sortirent du château devant lui, toutes ensemble, deux par deux. Celui qui fit le monde serait venu du Ciel en terre qu'elles n'eussent pas été si heureuses. Les gens du château, qui avaient dit tant d'insolences à monseigneur Yvain à son arrivée, allèrent lui demander pardon, et le convoyèrent.

---

1. pleige : garantie.   2. il ne me chaut : peu m'importe.

— Je ne sais ce que vous dites, répondit messire Yvain, et je vous déclare quittes envers moi, car vous ne m'avez rien dit, dont je me souvienne, que je tienne pour mal.

Ils furent très contents de ces paroles, et louèrent[1] fort sa courtoisie. Ils lui dirent adieu, lorsqu'ils l'eurent convoyé un long temps. Les demoiselles, à leur tour, prirent congé. Au départ elles s'inclinent toutes ensemble, et lui souhaitent joie et santé, et qu'il arrive selon ses désirs où il a dessein d'aller.

— Dieu vous sauve, répondit messire Yvain, et vous ramène en vos pays saines et heureuses !

Elles s'éloignèrent. Messire Yvain continua son chemin avec la pucelle ; ils errèrent[2] tant toute la semaine qu'ils vinrent au recet où était la déshéritée. Quand celle-ci les aperçut, sa joie fut grande : elle était nouvellement relevée[3] de maladie : il y paraissait bien encore à sa mine.

La première, elle alla au-devant des voyageurs qu'elle salua et accueillit de son mieux, mais je vous tairai la joie qui fut faite à l'hôtel jusqu'au lendemain où ils montèrent et se mirent en marche.

Ils allèrent, et ils virent bientôt le château où le roi Arthur séjournait depuis une quinzaine et plus. La fille aînée du seigneur de la Noire-Épine y était, car elle n'avait pas cessé de suivre la cour. Elle attendait la venue de sa sœur, mais elle n'était pas inquiète, car elle ne pensait pas que la cadette[4] pût trouver un chevalier assez hardi pour se mesurer[5] avec monseigneur Gauvain. La quarantaine[6] touchait à sa fin ; il s'en fallait d'un jour : une fois ce dernier jour passé, elle pourrait entrer en possession de tout l'héritage, sans contestation. Mais elle n'était pas si près du but qu'elle le croyait.

Notes

1. **louèrent** : admirèrent.
2. **errèrent** : ici, cheminèrent.
3. **nouvellement relevée** : récemment guérie.
4. **la cadette** : sa sœur plus jeune.
5. **se mesurer** : se battre.
6. **quarantaine** : période de 40 jours.

Les voyageurs logèrent, cette nuit-là, hors du château, en un petit hôtel où nul ne les reconnut, comme ils le désiraient.

Le lendemain, à l'aube, ils sortirent et se cachèrent jusqu'à ce qu'il fit grand jour.

Messire Gauvain n'avait pas reparu à la cour, je ne sais depuis combien de jours : personne n'avait de nouvelles de lui, hors seulement la pucelle pour qui il devait combattre. Il s'était éloigné de trois ou quatre lieues, et il vint à la cour, équipé comme il avait coutume de l'être.

Celle qui avait détourné l'héritage le présenta comme le champion chargé de soutenir sa querelle[1].

– Sire, dit-elle au roi, l'heure passe. Il sera bientôt basse none[2], et aujourd'hui expire le délai. Vous voyez comme je suis garnie[3] pour défendre mon droit. Si ma sœur avait dû revenir, elle n'aurait pas tant tardé. Que Dieu soit remercié de ce qu'elle n'est pas venue. Il parait bien qu'elle n'a pu mieux faire ; elle a perdu sa peine ; moi j'ai été prête tous les jours jusqu'au dernier à défendre ce qui est mien. J'ai gagné sans bataille. Il est donc juste que je m'en aille tenir mon héritage en paix ; car je rendrai raison à ma sœur tant que je vivrai, et elle vivra dolente[4] et chétive[5].

Le roi, qui savait bien que la pucelle avait tort, lui dit :

– Amie, en cour royale on doit attendre que la justice du roi ait prononcé. Vous n'avez pas à vous retirer, car votre sœur viendra encore à temps, je pense.

À ce moment, parut le Chevalier au Lion, et la pucelle avec lui. Ils venaient seuls tous deux, car ils s'étaient séparés, en cachette, du lion qui était resté là où ils avaient couché.

Notes

1. **querelle** : dispute.
2. **basse none** : neuf heures.
3. **garnie** : prête.
4. **dolente** : dans la souffrance.
5. **chétive** : pauvre.

Le roi reconnut la pucelle, et il fut très content de la voir ; il était de son côté, car il s'entendait au droit[1].

– Avancez, belle, dit-il ; que Dieu vous sauve ! Quand l'aînée entendit cela, elle tressaillit[2] : elle se retourna et vit sa cadette avec son défenseur. Elle devint plus noire que terre.

– Dieu sauve le roi, et sa ménie, dit la pucelle. Roi, si ma cause peut être défendue par un chevalier, elle le sera par celui-ci qui m'a fait la grâce de me suivre jusqu'ici ; il avait pourtant fort à faire ailleurs, le franc chevalier débonnaire.

Mais il eut telle pitié de moi qu'il a tout laissé pour moi. Maintenant, ma chère sœur ferait une action bonne et courtoise, si elle me rendait mon dû[3] et faisait la paix, car je ne demande rien de sa part.

– Et moi rien de la tienne, fit l'aînée, car tu n'as et n'auras rien. Tu ne sauras tant prêcher que tu en tires quelque chose, quand même tu en sécherais tout de douleur.

L'autre, qui était courtoise et accommodante, répondit :

– Certes, je suis fâchée de ce que deux prud'hommes combattront pour nous deux ; la querelle est mince, mais je ne puis la tenir pour terminée, car j'y pâtirais[4] trop. C'est pourquoi je vous saurais bon gré[5], si vous me faisiez droit.

– Qui te répondrait serait bien sotte, et musarde[6] ; que le mauvais feu me brûle, si je te donne de quoi vivre mieux. Les rives de Seine se rejoindraient plutôt, et l'heure de prime none[7], plutôt que je renonce à la bataille.

Notes

1. **il s'entendait au droit** : il aimait que la justice soit respectée.
2. **tressaillit** : sursauta.
3. **mon dû** : ce qu'elle me doit.
4. **j'y pâtirais** : je perdrais.
5. **vous saurais bon gré** : vous remercierais.
6. **musarde** : étourdie.
7. **l'heure de prime none** : 6 heures du matin.

– Dieu y pourvoie, fit la puînée[1], en qui j'ai toute confiance : qu'il vienne en aide à celui qui noblement et charitablement s'offrit à mon service, car il ne sait qui je suis, pas plus que je ne le connais.

L'entretien prit fin sur ces mots. Les chevaliers s'avancèrent parmi la cour, et tous les gens accoururent, comme à l'accoutumée, friands de[2] voir de beaux coups d'escrime et une belle bataille.

Notes

1. **puînée** : née après une de ses sœurs ou un de ses frères.   2. **friands de** : désireux de.

Au fil du texte

Questions sur *Le château maudit* (pages 67 à 76)

QUE S'EST-IL PASSÉ ENTRE-TEMPS ?

1) Qui le chevalier au lion a-t-il défendu ?

2) Qui demande son aide à nouveau ?

3) Où fait-il halte en chemin ?

4) Qu'est-ce qui frappe Yvain en arrivant à cet endroit ?

AVEZ-VOUS BIEN LU ?

5) Pourquoi Yvain ne peut-il quitter le château où il a été hébergé ?

6) Qui affronte-t-il ?

7) Quelles sont les conséquences de sa victoire ?

8) Où se rend-il en quittant le château de Pême-Aventure ?

9) Qui doit-il y affronter ?

ÉTUDIER LE VOCABULAIRE ET LA GRAMMAIRE

10) Relevez pages 69 et 70 (l. 57 à 85) des mots du champ lexical* du combat.

11) Relevez les participes passés de la phrase suivante et justifiez leur accord :
« *Il avait rendu autant de coups qu'il avait pu mais il ne les avait pas blessés, car ils étaient savants en escrime, et leurs écus étaient si solides qu'une épée ne pouvait les ébrécher, tant fût-elle tranchante et acérée* ».

> ** champ lexical :* ensemble des mots et expressions qui se rapportent à une même idée.

Questionnaire

ÉTUDIER L'ÉCRITURE

12 Relevez une périphrase* qui désigne le lion (p. 71).

13 Quelle figure de style l'auteur emploie-t-il pour décrire la surprise et le déplaisir de la sœur aînée lorsqu'elle voit arriver sa cadette accompagnée de son défenseur (p. 75) ?

> ***périphrase :** procédé qui consiste à dire en plusieurs mots ce que l'on pourrait dire en un seul.*

À VOS PLUMES

14 Dans un dialogue avec une autre dame de la cour du roi Arthur, la demoiselle qui avait amené le Chevalier au Lion pour la défendre raconte son arrivée et les réactions des différents personnages en présence (sa sœur, le roi, l'autre chevalier, le reste de la cour).

LIRE L'IMAGE
(Document en page 3 de couverture)

15 Quel moment de l'action cette illustration peut-elle représenter ?

16 Quelle est la conséquence de l'intervention du lion ?

La réconciliation

Ceux qui allaient combattre étaient liés depuis longtemps de la plus vive amitié et à ce moment ils étaient des inconnus l'un pour l'autre.

Les deux champions, ayant pris du champ[1], s'élancèrent. Dès le premier choc, ils brisent leurs grosses lances de frêne. Ils ne se parlent pas : s'ils eussent ouvert la bouche, l'étreinte eût été tout autre.

Heaumes et écus furent tôt bosselés et fendus, et les lames tôt émoussées, car ils frappaient à toute volée, non pas du plat, mais du tranchant et du pommeau[2] sur les naseaux et sur le cou, sur le front et sur les joues, leur chair en était toute bleue et le sang caillebotté[3] sous les meurtrissures[4].

Ils se dépensent avec un tel acharnement que peu s'en faut que le souffle ne leur manque : il n'est jagonce[5] ni émeraude fixée à leur heaume qui ne soit moulue[6] et écrasée. Tous s'étonnent qu'ils ne se soient pas encore décervelés[7]. Leurs yeux étincellent, car ils ont les muscles puissants et durs, les os et les poings carrés et gros, et ils taillent de l'épée à tour de bras, et s'en donnent males grognées[8].

Notes

1. **ayant pris du champ** : s'étant éloignés.
2. **pommeau** : tête arrondie de la poignée d'une épée.
3. **caillebotté** : devenu épais
4. **meurtrissures** : bleus.
5. **jagonce** : pierre précieuse de couleur rouge.
6. **moulue** : broyée.
7. **décerveler** : fendre le crâne.
8. **males grognées** : de sévères coups.

Combat de deux chevaliers, à l'image du combat entre Gauvain et Yvain.

Ils ont tant peiné que leur armure ne tient plus. Alors ils se tirent un peu en arrière pour reprendre haleine.

Mais leur repos est court, et plus farouchement que jamais ils se courent sus[1] l'un à l'autre.

Ceux qui regardaient la bataille disaient qu'ils n'avaient jamais vu chevaliers de tel courage.

– Ils luttent pour de bon, et non par jeu. Jamais ils ne seront récompensés comme ils le méritent.

Les combattants ont ouï ces paroles, et ils entendent aussi que les gens parlent d'accorder les deux sœurs. La puînée s'en était remise à la décision du roi, mais l'aînée ne voulait pas faire la paix ; elle était si revêche[2] que la reine Guenièvre, le roi, les chevaliers et les dames, et les bourgeois prirent tous le parti de l'autre. Ils interviennent auprès du roi pour qu'il donne à la plus petite le tiers ou le quart de l'héritage et sépare des vassaux d'un si grand cœur. Ce serait un trop grand dommage, si l'un infligeait[3] à l'autre affront ou plaie irréparable.

Le roi répondit qu'il ne voulait pas s'entremettre[4] de faire la paix, puisque l'aînée s'y refusait, tant elle était méchante créature.

Ce mot parvint aux oreilles des deux champions qui continuaient à se pourfendre[5] de plus belle, tellement qu'aux yeux de tous c'était grande merveille que la bataille demeurât[6] indécise, et qu'on ne pût savoir qui avait le dessus et qui le dessous. Les combattants eux-mêmes, qui achetaient l'honneur par le martyre, s'ébahissaient[7] de cette lutte sans issue, et chacun se demandait, émerveillé, quel était le champion qui se tenait si fièrement en face de lui. Ils combattirent encore longtemps, si longtemps que le jour déclina vers la nuit. Tous deux avaient le bras fatigué et le corps dolent, et le sang bouillant leur sortait de

---

Notes

1. **se courent sus** : s'attaquent.
2. **revêche** : peu accommodante.
3. **infligeait** : donnait.
4. **s'entremettre** : se mêler.
5. **se pourfendre** : ici, se donner des coups d'épée.
6. **demeurât** : reste.
7. **s'ébahissaient** : s'étonnaient.

mainte blessure, et coulait par dessous le haubert. Ils souffraient terriblement, et sentaient le besoin de se reposer, et chacun pensait, à part soi, qu'il avait enfin trouvé son pair[1]. Le combat fut suspendu.

Il fait déjà nuit noire ; ils n'ont plus guère souci de reprendre les armes : aussi bien se redoutaient-ils[2] beaucoup l'un et l'autre. Ces deux raisons les invitent à demeurer en paix. Mais ils ne quitteront pas le champ de bataille, avant que de s'accointer[3] et de se réconforter d'un peu de joie et de pitié.

Messire Yvain, qui était très preux et courtois, parla d'abord. Son bon ami ne le reconnaît pas au son de sa voix qu'il avait rauque et basse, tant il était fiévreux et haletant des coups qu'il avait reçus.

– Sire, fit-il, il est tard. Je crois qu'on ne nous blâmera pas, si la nuit nous sépare. Pour moi, je puis dire que je vous crains et que je vous prise[4], et que jamais je n'ai engagé une bataille si âpre[5] et si douloureuse, ni ne vis chevalier que je voulusse tant connaître. Vous savez bien et utilement placer vos coups. Jamais chevalier ne sait si bien attaquer et si bien se défendre. Je crois que jamais je n'en ai tant reçu qu'aujourd'hui. J'en suis encore tout étourdi.

– Ma foi, reprit messire Gauvain, je le suis autant et plus que vous. Et si je vous demandais de vous faire connaître, peut-être n'en seriez-vous pas fâché. Si je vous ai donné du mien, vous m'avez bien rendu le compte et du capital et de l'intérêt, car vous étiez plus large pour rendre, que je n'étais pour prendre, mais de quelque façon que la chose tourne, puisqu'il vous plaît que je vous dise de quel nom je suis appelé, je ne vous le cacherai pas : j'ai nom Gauvain, fils du roi Lot.

Notes

1. **son pair** : son égal.
2. **redoutaient** : craignaient.
3. **s'accointer** : faire connaissance.
4. **prise** : admire.
5. **âpre** : rude, violente.

Yvain ou le Chevalier au lion de Chrétien de Troyes

Aussitôt que messire Yvain l'entendit, il fut ébahi et éperdu ; il jette son épée toute ensanglantée et son écu brisé, et descend de cheval.

– Ha ! las ! quelle mésaventure, s'écrie-t-il, nous nous sommes battus par une méprise[1] affreuse, ne nous étant pas reconnus ; jamais je n'eusse bataillé contre vous, mais je me dusse avoué recréant, avec le combat, je vous le jure.

– Qui donc êtes-vous ?

– Je suis Yvain, qui vous aime plus que personne au monde, car vous m'avez toujours aimé et honoré dans toutes les cours. Mais je veux vous faire telle amende honorable[2] que je me reconnaisse vaincu au delà de ce qu'on peut l'être.

– Vous feriez cela pour moi ! fit le bon Gauvain. Certes, je serais bien outrecuidant[3] si j'agréais[4] cette amende. Je n'aurais pas cet honneur je vous le réserve.

– Ah ! beau sire, n'en dites pas plus. Ce n'est pas possible, je suis déconfit[5], battu, maté. Je ne puis plus me soutenir.

– C'est peine inutile, s'écrie l'ami et le compagnon, c'est moi qui suis épuisé et vaincu, et je ne le dis pas par flatterie, car il n'y a pas au monde un étranger à qui je n'en dirais autant, plutôt que de continuer la bataille.

Tout en parlant, il était descendu. Ils tombèrent dans les bras l'un de l'autre ; ils s'accolent et s'entrebaisent[6], et ils ne finissent pas de s'avouer vaincus l'un et l'autre.

La querelle dure tant que le roi et les barons tout alentour viennent en courant. Ils les voient se conjouir[7] et se faire fête, et ils ont grand désir d'apprendre le pourquoi d'un tel changement.

---

1. **méprise** : malentendu.
2. **faire amende honorable** : reconnaître ses torts.
3. **outrecuidant** : arrogant.
4. **j'agréais** : j'acceptais.
5. **déconfit** : vaincu.
6. **s'entrebaisent** : s'embrassent.
7. **se conjouir** : se réjouir.

– Seigneurs, dit le roi, dites-nous d'où vient cette amitié et cette concorde[1] soudaine, après tant de haine et de discorde ?

– Sire, vous saurez, fit messire Gauvain, la malechance qui a donné lieu à cette bataille. Puisque vous venez pour l'entendre, il sera bien que l'on vous dise la vérité. Moi Gauvain, qui suis votre neveu, je ne reconnus pas mon compagnon, monseigneur Yvain que voici, jusqu'à ce que, par un effet de la Providence, il s'enquît de[2] mon nom. Nous nous dîmes qui nous étions et ne nous reconnûmes qu'après nous être bien battus. Si nous avions prolongé le combat, l'issue aurait pu être funeste[3] pour moi, car, par mon chef, il m'eût tué grâce à sa prouesse et par le tort de celle qui m'a conduit sur le pré. Or j'aime mieux que mon ami m'ait déconfit que tué.

– Beau sire, réplique messire Yvain, vous avez tort de dire pareille chose. Que le roi sache bien que je suis le vaincu et le recréant dans cette bataille, sans conteste possible[4].

– C'est moi, fait Gauvain.

– C'est moi, répond l'autre.

Tant ils sont francs et gentils tous les deux que l'un octroie à l'autre la victoire et la couronne, et que ni l'un ni l'autre ne la veut pour lui.

Alors le roi termina le différend[5]. Il était touché de voir les deux amis se faire tant de caresses[6], après s'être impitoyablement maltraités.

– Seigneurs, il y a grand amour entre vous deux ; vous le montrez bien quand chacun veut s'avouer vaincu. Remettez-vous en à moi. J'arrangerai l'affaire, je crois, si bien que ce sera à votre honneur, et que tout le monde m'en louera[7].

Les deux compagnons promirent de faire sa volonté.

Notes

1. **concorde** : entente.
2. **il s'enquît de** : il demanda.
3. **funeste** : mortelle.
4. **sans conteste possible** : sans aucun doute.
5. **différend** : conflit.
6. **caresses** : ici, gentillesses.
7. **louera** : félicitera.

Le roi dit qu'il trancherait la querelle, en tout bien et loyalement.

– Où est, dit-il, la demoiselle qui a chassé sa sœur de sa terre, et l'a de force et sans pitié déshéritée ?

– Sire, me voici.

– Vous êtes là ? Venez donc. Je sais depuis longtemps que vous avez déshérité votre sœur ; vous me l'avez avoué ; son droit ne sera donc plus contesté. Il vous faut de nécessité la déclarer quitte.

– Sire, je vous ai répondu à la légère, vous ne devez pas me prendre au mot. Pour Dieu, sire, ne me lésez[1] pas. Vous êtes roi, vous devez vous garder de l'injustice.

– C'est pour cela que je veux faire droit à votre sœur. Vous avez bien entendu que votre chevalier et le sien se sont rendus à ma merci. Je ne parlerai pas suivant votre désir, car votre tort est connu. Chacun des chevaliers se prétend conquis par l'autre tant il veut l'honorer. Je n'ai pas à m'arrêter à cette querelle courtoise. Puisque la chose m'est remise, ou bien vous ferez à ma volonté tout ce que je déciderai justement, ou bien je dirai que mon neveu est vaincu par les armes : ce serait une atteinte portée à sa renommée, et je le dirais à contrecœur.

Il n'avait nullement l'intention de le faire ; il essayait seulement d'effrayer la friponne pour qu'elle rendit l'héritage à sa sœur ; il n'avait d'autre ressource que de lui inspirer de la crainte.

La pucelle redoutait le roi.

– Beau sire, dit-elle, il convient que je fasse votre désir, mais j'en suis très affligée. Je le ferai, bien qu'il me soit pénible, et ma sœur aura ce qui lui revient. Et afin qu'elle en soit tout à fait sûre, vous serez ma caution[2].

– Mettez-la en possession de sa part sur l'heure[3], dit le roi, qu'elle la tienne de vous, et devienne votre femme lige[4]. Ai-

---

Notes
1. **lésez** : désavantagez.
2. **caution** : garantie.
3. **sur l'heure** : tout de suite.
4. **lige** : de confiance.

La réconciliation

mez-la comme telle, et qu'elle vous aime comme sa dame et sa sœur germaine.

Ainsi le roi arrangea si bien l'affaire que la pucelle fut saisie sur-le-champ[1] de sa terre. Elle lui en rendit mille grâces[2]. Puis le roi dit à son vaillant neveu et à monseigneur Yvain, qu'ils se laissassent désarmer, car ils pouvaient bien le souffrir[3] maintenant.

Tandis qu'on leur ôtait leur armure, voici venir au loin le lion qui cherchait son maître. Sitôt qu'il l'aperçoit, il lui fait fête.

Aussitôt, les gens se reculent effrayés, et jusqu'aux plus hardis s'enfuient.

– Restez, s'écrie messire Yvain. Pourquoi fuyez vous ? Personne ne vous chasse. Ne craignez pas que ce lion vous fasse du mal. Il est à moi, et je suis à lui : nous sommes deux compagnons.

Lors ils apprirent la vérité sur les aventures du lion et de son compagnon, qui n'était autre que le vaillant qui avait occis Harpin de la Montagne.

– Sire compain, lui dit alors messire Gauvain, si Dieu m'aide, vous m'avez bien mortifié[4] aujourd'hui. J'ai bien mal reconnu le service que vous rendîtes à mes neveux et à ma nièce en tuant le géant. J'ai pensé souvent à vous, et j'avais grand regret, parce que l'on disait la grande pitié[5] qu'il y avait entre nous. Mais jamais je n'aurais pu penser, et nulle part je n'entendis dire que le Chevalier au Lion portait le nom d'un chevalier de ma connaissance.

Ils étaient désarmés. Le lion ne fut pas lent à accourir près du banc où son maître était assis ; il lui témoigna sa joie aussi vivement que le pouvait une bête muette.

Il fallut mener les chevaliers en infirmerie et en chambre de malade, car ils avaient besoin de médecin et d'onguent[6]. Le

---

Notes

1. **sur-le-champ** : immédiatement.
2. **grâces** : remerciements.
3. **le souffrir** : l'accepter.
4. **mortifié** : donné une leçon d'humilité.
5. **pitié** : ici, complicité.
6. **onguent** : pommade médicinale.

roi fit mander un savant chirurgien qui mit tous ses soins à les guérir, et ferma et assainit leurs plaies au mieux et au plus tôt qu'il put.

Alors messire Yvain, qui était amoureux fol, amoureux sans remède, vit bien qu'il ne pourrait durer, mais y laisserait sa vie, si la dame n'avait pitié de lui, car il se mourait pour elle. Il délibéra de quitter la cour tout seul, et d'aller guerroyer à sa fontaine : il y soulèverait une telle tourmente que par force et nécessité, sa dame serait bien contrainte de conclure la paix avec lui, ou il ne cesserait pas de tourmenter la fontaine et de faire pleuvoir et venter.

Il partit donc avec son lion, qu'il ne voulait abandonner de toute sa vie. Ils errèrent tant qu'ils virent la fontaine. Messire Yvain jeta l'eau du bassin sur le perron. Ne croyez pas que je vous mente : la tempête fut si terrible que je ne saurais en conter le dixième ; il semblait que toute la forêt allait s'engloutir dans l'abîme[1]. La dame craignit que son château ne s'effondrât tout d'un coup : les murs sont croulés, la tour tremble, à peu[2] qu'elle ne soit renversée. Le plus hardi d'entre les Turcs eût mieux aimé être pris en Perse qu'être enfermé entre ces murailles. Les gens avaient telle peur qu'ils maudissaient leurs ancêtres.

— Maudit, s'écriaient-ils, le premier homme qui éleva une maison dans ce pays, maudits ceux qui fondèrent ce château ! Car sous le ciel ils n'eussent trouvé un lieu si détestable, puisqu'un seul homme peut nous envahir et nous persécuter.

— Il vous faut chercher un défenseur, dit Lunette à la dame. Vous ne trouverez personne qui vous prête appui dans ce besoin, si l'on ne va le quérir très loin. Jamais nous ne serons tranquilles dans ce château, et nous n'oserons passer les murs ni la porte. Si l'on assemblait tous vos chevaliers pour cette affaire, il n'est pas jusqu'au meilleur qui ne reculerait, vous le savez bien. S'il en est ainsi, si vous n'avez personne pour défendre votre fontaine, vous

---

Notes

1. abîme : gouffre très profond.   2. à peu que : il s'en faut de peu que.

230 semblerez folle et vilaine. Ce sera un bel honneur, quand celui qui vous a assaillie[1] s'en ira sans bataille ! Certes, vous êtes bien à plaindre, si vous n'avisez[2].

— Toi qui en sais tant, dis-moi ce qu'il faut que je fasse, et je suivrai ton avis.

235 — Dame, si je savais, je vous conseillerais volontiers. Mais vous auriez besoin de conseiller plus raisonnable. C'est pourquoi je n'ose me mêler de cette chose, et je souffrirai avec les autres la pluie et le vent, jusqu'à ce que je voie, s'il plaît à Dieu, quelque prud'homme de votre cour qui se chargera de votre défense ;
240 mais je ne pense pas que ce soit aujourd'hui. Tant pis pour vos intérêts.

— Demoiselle, ne me parlez pas des gens de mon hôtel, car je ne compte pas sur eux pour défendre la fontaine. Mais, s'il plaît à Dieu, nous verrons à l'œuvre votre esprit avisé ; c'est dans le
245 besoin, dit on, qu'on met l'ami à l'épreuve.

— Dame, s'il était possible de retrouver celui qui occit le géant et vainquit les trois chevaliers, il ferait bon aller le quérir. Mais tant qu'il sentira la rancune et le mauvais vouloir[3] de sa dame, il n'y a personne au monde qu'il ne suivrait, à mon avis, jusqu'à
250 ce qu'il reçût sa promesse de faire tout ce qui dépendrait de lui pour le raccommoder[4] avec elle, vu qu'il en meure de deuil et d'ennui.

— Je suis prête, dit la dame, avant que vous commenciez les recherches, à vous assurer et à lui jurer, s'il vient à moi, que je
255 m'emploierai sans feinte[5] à cette réconciliation, si je puis le faire.

— Dame, répondit Lunette, ne craignez pas[6] que vous ne puissiez fort bien les accorder ensemble[7], s'il vous convient[8] ; mais

---

Notes

1. **assaillie** : attaquée.
2. **si vous n'avisez** : si vous n'agissez pas.
3. **vouloir** : volonté.
4. **raccommoder** : se réconcilier.
5. **je m'emploierai sans feinte** : je mettrai tous mes efforts.
6. **ne craignez pas** : cela ne fait aucun doute.
7. **accorder ensemble** : réconcilier.
8. **s'il vous convient** : si vous le désirez.

vous me permettrez de recevoir votre serment, avant mon départ.

260 – Cela ne gêne nullement, fit la dame.

Lunette apporta aussitôt une châsse[1] précieuse, et la dame se mit à genoux. Lunette très courtoisement lui fit prêter le serment dans les formes requises.

– Dame, fait-elle, haussez la main ! Je ne veux pas qu'après 265 demain, vous m'accusiez de ceci ou de cela, car vous agissez non pour moi, mais pour vous même. S'il vous plaît, vous jurerez de faire tous vos efforts, pour que le Chevalier au Lion recouvre[2] l'amour de sa dame, tel qu'il l'eût autrefois.

Madame Laudine leva la main droite et dit :

270 – Tout ainsi que tu l'as dit, je le dis. Aussi vrai que je prie Dieu et les saints de m'aider, je ferai sans feinte tout mon possible pour faire rendre au Chevalier au Lion l'amour et les bonnes grâces[3] de sa dame.

L'adroite Lunette avait bien mené l'affaire, au gré de ses vœux. 275 On lui tira de l'étable un palefroi doux à l'amble[4]. Elle monta et partit, la mine souriante et le cœur content. Elle rencontra bientôt sous le pin celui qu'elle cherchait. Elle le reconnut tout de suite au lion qui était à ses côtés. Elle accourut à grande allure.

Elle descendit à terre. Messire Yvain l'avait reconnue. Ils se 280 saluèrent.

– Sire, dit la pucelle, je me réjouis de vous avoir trouvé si vite.

– Comment, dit messire Yvain, vous me cherchiez donc ?

– Oui, sire, et jamais je ne fus si heureuse, car j'ai amené ma dame, si elle ne veut se parjurer[5], à redevenir votre dame, et 285 vous son seigneur, comme par le passé. Telle est la vérité.

Messire Yvain fut transporté de joie à cette nouvelle. Il fit fête à Lunette, lui baisant les yeux et le visage.

Notes

1. **châsse** : boîte contenant des reliques (ce qui reste du corps ou des objets appartenant à un saint).
2. **recouvre** : retrouve.
3. **bonnes grâces** : faveurs.
4. **palefroi doux à l'amble** : cheval qui va a une allure douce.
5. **se parjurer** : trahir sa promesse.

— Certes, dit-il, ma douce amie, je ne pourrais vous récompenser d'aucune manière de ce service. Jamais je ne pourrai, je le crains, vous honorer comme vous le méritez.

— Sire, que cela ne vous importe ! N'en soyez pas en souci. Vous aurez assez le temps et le pouvoir de m'accorder vos bienfaits, à moi comme aux autres. Je n'ai fait que ce que je devais, et l'on ne me doit pas plus de gré[1] qu'à celui qui rend à autrui[2] ce qu'il lui a emprunté.

— Vous m'avez rendu à usure[3], douce amie. Nous irons donc quand vous voudrez. Mais lui avez-vous dit qui je suis ?

— Non, elle ne vous connaît que sous le nom du Chevalier au Lion.

Ils s'éloignèrent ; le lion les suivit. Ils arrivèrent tous trois au château. Ils ne dirent quoi que ce soit aux gens qu'ils rencontrèrent, tant qu'ils vinssent devant la dame. Laudine se réjouit beaucoup d'apprendre que la pucelle amenait le lion et le chevalier qu'elle brûlait de connaître et de voir.

Messire Yvain tomba tout armé à ses pieds.

— Dame, dit Lunette, relevez-le, et mettez vos soins et votre peine[4] à lui procurer la paix et le pardon, car nul dans le monde ne le peut, sinon vous.

Lors la dame fit relever le chevalier, et dit :

— Je suis entièrement à sa disposition ; je voudrais faire sa volonté et ses désirs, pourvu que je le puisse…

— Certes, dame, je ne le dirais pas, si ce n'était pas vrai. Vous en avez le pouvoir plus encore que je vous ai dit. Mais je vous dirai maintenant toute la vérité ; vous saurez que vous n'eûtes jamais si bon ami que celui-ci. Dieu, qui veut qu'il y ait entre vous et lui bonne paix et durable amour, me l'a fait rencontrer aujourd'hui même, tout près. Il ne convient de donner d'autres

---

Notes

1. **pas plus de gré** : pas plus de remerciements.
2. **autrui** : quelqu'un d'autre.
3. **à usure** : beaucoup plus que ce que je vous ai donné.
4. **vos soins et votre peine** : tous vos efforts.

raisons pour prouver la vérité de ce que j'avance : dame, oubliez votre ressentiment[1], car il n'a d'autre dame que vous-même, c'est messire Yvain votre époux !

À ce mot la dame tressaillit.

– Dieu me sauve, dit-elle à Lunette, vous m'avez bien attrapée. Tu me feras aimer malgré moi celui qui ne m'aime ni ne me méprise. Tu as bien agi ! Tu m'as bien servie à mon gré ! J'aimerais mieux endurer toute ma vie les vents et les orages. Si ce n'était que parjurer est chose[2] trop laide et vilaine, jamais il ne retrouverait avec moi la paix et la réconciliation. Toujours couverait en moi ce dont je ne veux plus parler, comme le feu couve sous la cendre, mais je n'ai pas souci de m'en souvenir, puisqu'il nous faut vivre en bon accord...

Messire Yvain entendit que son affaire tournait à sa guise[3].

– Dame, dit-il, à tout pécheur miséricorde[4]. J'ai payé ma folie, et je le devais bien. La folie me fit demeurer[5] ; je m'avoue coupable et forfait[6]. C'est une grande hardiesse de ma part que d'oser venir devant vous. Toutefois, si vous voulez me retenir maintenant, vous n'aurez qu'à vous louer de votre serviteur.

– Je veux bien, fit Laudine, parce que je serais parjure, si je ne mettais du mien pour faire la paix entre nous. Je vous l'octroie.

– Dame, cinq cents mercis, le Saint-Esprit me vienne en aide, nulle chose ne pouvait me causer tant de joie !

Ainsi messire Yvain eut la paix. Vous pouvez croire que rien ne pouvait lui donner tant de contentement après ses douloureuses épreuves. Il en est venu à bout heureusement, car il est aimé et chéri de sa dame à qui il rend son amour. Il ne se souvient plus de ses tourments[7] ; il les oublie dans la joie que lui donne sa très chère amie. Quant à Lunette, elle est dans l'ai-

---

Notes

1. **ressentiment** : rancune.
2. **si ce n'était que parjurer est chose...** : si le fait de revenir sur sa promesse n'était pas une chose...
3. **à sa guise** : à sa faveur.
4. **à tout pécheur miséricorde** : toute personne qui a fauté a le droit au pardon.
5. **demeurer** : rester loin de vous.
6. **forfait** : vaincu.
7. **tourments** : soucis.

sance et comblée au gré de ses désirs, depuis qu'elle a réuni pour toujours le parfait amant et la parfaite amie.

Chrétien finit ainsi son roman du *Chevalier au Lion*. Il n'en a pas ouï conter davantage, et vous n'en entendrez pas plus, si l'on n'y veut pas ajouter de mensonges.

L'entrevue des amants, Livre de Messire Lancelot du Lac, enluminure du XVe siècle.

Au fil du texte

Questions sur *La réconciliation* (pages 79 à 92)

Avez-vous bien lu ?

1. Quelles sont les relations entre les deux combattants ?
2. Pourquoi combattent-ils ?
3. Quelle est l'issue du combat ?
4. Quelle est la décision prise par le roi ?
5. Dès qu'il va mieux, où Yvain se rend-il ?
6. Quel est son but et comment compte-t-il l'atteindre ?
7. Qui l'aide et de quelle manière ?
8. Quel est le dénouement* de l'histoire ?

* *dénouement* : manière dont une histoire se termine.

Étudier le vocabulaire et la grammaire

9. À quelle voix sont les verbes dans la phrase « *Heaumes et écus furent tôt bosselés et fendus* ». Justifiez votre réponse.

10. Donnez un synonyme différent de celui donné dans les notes pour le verbe « *je vous prise* » (l. 65).

11. Donnez deux homonymes* du mot « *coup* » (l. 67).

* *homonymes* : mots qui ont la même prononciation, mais pas la même orthographe.

ÉTUDIER LE DISCOURS

12 Dans le passage argumentatif (l. 148 à 156), quel argument utilise le roi pour convaincre l'aînée de céder à sa sœur la part d'héritage qui lui revient ?

ÉTUDIER LA PLACE DE L'EXTRAIT DANS L'ŒUVRE

13 Ce chapitre contient-il...
- ❏ l'élément perturbateur du récit ?
- ❏ une péripétie ?
- ❏ l'élément de résolution ?

LIRE L'IMAGE
(Document page 92)

14 Décrivez les deux personnages centraux.

15 Où sont-ils installés ?

16 Que suggère l'attitude du personnage agenouillé au premier plan ?

17 Comment pourrait s'expliquer la présence des chevaliers en armes ?

Retour sur l'œuvre

Pour chacun des exercices 1 à 9, cochez la bonne réponse.

1) *Au début du roman, le jeune Yvain vit…*
- ❏ sur ses terres.
- ❏ à la cour du roi Arthur.
- ❏ dans le château de ses parents.
- ❏ en forêt de Brocéliande.

2) *La fontaine magique a le pouvoir…*
- ❏ de rendre le sol fertile.
- ❏ d'arrêter la pluie.
- ❏ de déclencher la tempête.
- ❏ d'égarer ceux qui s'y désaltèrent.

3) *Yvain décide d'affronter seul Esclados le Roux, le châtelain de la fontaine…*
- ❏ pour épouser sa femme.
- ❏ pour s'emparer de son royaume.
- ❏ pour venger l'affront subi par Calogrenant.
- ❏ pour défendre ses propres biens menacés.

4) *Yvain réussit à persuader Laudine de l'épouser avec l'aide…*
- ❏ de sa nourrice.
- ❏ de son amour.
- ❏ d'une demoiselle astucieuse.
- ❏ de l'appui du roi Arthur.

5 *Après avoir épousé Laudine, Yvain quitte son nouveau foyer…*

- ❏ pour aider le roi Arthur à vaincre ses ennemis.
- ❏ pour participer à des tournois en compagnie de Gauvain.
- ❏ pour voler au secours d'une jeune fille en péril.
- ❏ pour combattre un dragon.

6 *Laudine accepte la séparation à condition qu'Yvain soit de retour…*

- ❏ au bout d'un mois.
- ❏ au bout d'un an.
- ❏ au bout de six mois.
- ❏ au bout de trois ans.

7 *Yvain décide de venir en aide au lion…*

- ❏ parce qu'il est le plus faible.
- ❏ parce que c'est un animal noble.
- ❏ parce qu'il en a peur.
- ❏ parce que c'est le symbole de sa famille.

8 *En devenant le Chevalier au lion, Yvain combat désormais…*

- ❏ pour son roi.
- ❏ pour défendre la fontaine périlleuse.
- ❏ pour combattre le mal et faire triompher la justice.
- ❏ pour sa gloire personnelle.

9 *Laudine accepte de se réconcilier avec Yvain…*

- ❏ parce que le roi Arthur le lui demande.
- ❏ parce que ses parents l'exigent.

❏ parce qu'elle a pitié de lui.

❏ parce qu'elle ne veut pas trahir son serment.

LES PERSONNAGES

10 Tout au long du roman, Yvain rencontre des personnes et des animaux qui seront ses amis ou ses ennemis, parfois les deux. Remplissez le tableau puis répondez à la question suivante : quels sont les personnages ou animaux les plus fidèles à Yvain ?

Personnages, animaux	Amis	Ennemis
Le sénéchal Keu		
Esclados le Roux		
Lunette		
Laudine		
Messire Gauvain		
Le serpent		
Le lion		
Le géant Harpin		
Le seigneur de Pême-Aventure		

11 Parmi ces adjectifs, lesquels peuvent s'appliquer à Lunette ?
- *dévouée*
- *rancunière*
- *pleine de ressources*
- *soumise*
- *loyale*
- *sournoise*

LES LIEUX

12) Charades

a) Mon premier transporte ;
Mon deuxième a souvent opposé les mousquetaires du roi aux gardes du Cardinal de Richelieu, à l'époque des Trois Mousquetaires ;
Mon tout est le lieu où le roi Arthur tenait sa cour plénière.

b) Mon premier est un pichet ;
Mon deuxième est un article démonstratif ;
Mon troisième est un prénom chinois ;
Mon quatrième est une chaîne de montagnes en Amérique du Sud ;
Mon tout est le nom de la forêt où se trouve la fontaine magique.

Dossier Bibliocollège

Yvain ou le Chevalier au lion

1. L'essentiel sur l'œuvre 100
2. L'œuvre en un coup d'œil 101
3. Le monde de Chrétien de Troyes
   - Le Moyen Âge 102
   - La figure du chevalier 103
4. Genre : Le roman de chevalerie 105
5. Groupement de textes : Le merveilleux 109
6. Et par ailleurs… 117

1) L'essentiel sur l'œuvre

Yvain ou le Chevalier au lion a été écrit vers 1176. Le récit est en **ancien français** et **en vers** car il est destiné à être récité et chanté.

Chrétien de Troyes est le premier auteur de langue française à s'inspirer des **légendes bretonnes** pour ses romans et notamment pour *Yvain ou le Chevalier au lion*.

Yvain ou le Chevalier au lion

Ce roman de chevalerie mêle **aventure** (le chevalier accomplit une quête), **amour** (Yvain tombe amoureux de Laudine) et **merveilleux** (présence d'éléments surnaturels comme la fontaine magique).

L'œuvre rencontre très vite un vif succès grâce aux troubadours qui la racontent de châteaux en châteaux.

② L'œuvre en un coup d'œil

L'étrange aventure de Calogrenant

- À la cour du roi Arthur, Calogrenant raconte comment il a provoqué une tempête en forêt de Brocéliande grâce à une fontaine magique.
- Calogrenant avoue avoir perdu le combat qui l'a opposé à Esclados le Roux, propriétaire de la fontaine, venu lui demander des comptes.

Yvain et la fontaine magique

- Pour venger l'affront fait à Calogrenant, Yvain se rend à la fontaine magique et provoque Esclados le Roux.
- Il blesse son adversaire qui se réfugie dans son château pour y mourir.
- Yvain le poursuit et s'éprend de Laudine, l'épouse d'Esclados le Roux.

Mariage avec Laudine, « la dame du château »

- Yvain parvient, avec l'aide de Lunette, à convaincre Laudine de l'épouser. Il devient ainsi le nouveau propriétaire de la fontaine magique.
- Keu, envoyé par le roi Arthur, se bat contre Yvain (qu'il ne reconnaît pas) pour reprendre la fontaine magique mais perd ce combat.
- Sur les conseils de Gauvin, Yvain, fort de sa victoire, décide de participer à des tournois pour conquérir la gloire.
- Laudine lui offre un anneau magique protecteur et lui fait promettre de revenir au bout d'un an.

Le Chevalier au lion

- Yvain ne respecte pas sa promesse et Laudine refuse de le revoir.
- Cette décision rend Yvain très malheureux. Il erre dans la forêt, en proie à la folie, jusqu'à ce que la dame de Noroison le guérisse.
- Yvain sauve un lion menacé par un serpent. Reconnaissant, le lion ne le quitte plus et Yvain devient le Chevalier au lion.

Un dénouement heureux

Laudine demande au Chevalier au lion de protéger la fontaine magique. Quand elle découvre que celui-ci n'est autre que son époux, elle consent à lui pardonner.

3) Le monde de Chrétien de Troyes

LE MOYEN ÂGE

Les dates
Le Moyen Âge se situe **entre l'Antiquité et la Renaissance** et dure environ **mille ans** (de 500 à 1500).

Une période trouble
Les guerres, comme celle de **Cent Ans** (XIVe-XVe s.), les **famines** dues aux mauvaises récoltes et le **servage** rendent la vie du peuple très difficile.

L'Église toute-puissante
À partir du **baptême de Clovis en 496**, l'Église catholique devient de plus en plus puissante : elle sacre les rois, ce qui lui donne un pouvoir politique, et perçoit un impôt des paysans (la dîme).

Un nouvel art de vivre
À partir du XIIe siècle, le pays connaît davantage de **prospérité** et un nouvel **art de vivre** se développe. La littérature, la musique et la danse deviennent des divertissements de cour appréciés.

LE MONDE DE CHRÉTIEN DE TROYES

Son enfance

Un chevalier est issu d'une **famille noble**. Alors qu'il est encore un enfant, ses parents le préparent déjà au rôle de chevalier : il apprend à manier les armes et à monter à cheval, perfectionne son art de la stratégie (à travers des jeux de société) et assimile les bonnes manières. Enfin, un religieux lui apprend à lire et à écrire en plus de parfaire son éducation religieuse.

Ses années d'apprentissage

À 15 ans, il entre au service d'un autre seigneur : il devient son **écuyer**, chargé de porter ses armes, et tient compagnie à la dame du seigneur, lui servant de page.

LA FIGURE DU CHEVALIER

Le titre de chevalier

Au bout de quelques années de service, il est adoubé chevalier au cours d'une cérémonie suivie d'une grande fête.

La vie d'un chevalier

Le chevalier peut se marier et avoir des enfants. Il participe à des **tournois** et se livre à la **chasse** afin de rester préparé à la guerre. Il hérite, à la mort de son père, de ses terres et de son titre.

Conversation dans un jardin,
minature du « Renaud de Montauban », XIIe siècle.

4) Le roman de chevalerie

Le roman de chevalerie est un récit écrit en langue romane composé en vers de huit syllabes (octosyllabes), datant du XIIe ou du XIIIe siècle. Ce genre littéraire, qui mêle exploits guerriers, amour courtois et merveilleux, met en scène des chevaliers qui accomplissent une quête en surmontant des épreuves dans le but de plaire à leur dame.

> **Le roman : la naissance d'une langue**
>
> Jusqu'en 1539, le latin est la langue écrite officielle en France : il est utilisé par l'Église et dans les documents officiels. Cependant, une nouvelle langue, le roman, elle aussi issue du latin, émerge progressivement au cours du Moyen Âge. C'est d'abord une langue orale utilisée par le peuple. Le premier texte écrit en langue romane que l'on ait conservé est un discours du roi Louis le Germanique (Serment de Strasbourg, 842).

I – Émergence d'un nouveau genre

➥ La courtoisie : un art de vivre

De nouvelles règles de savoir-vivre s'imposent dans les cours des seigneurs du Midi puis du Nord. Les exploits guerriers ne suffisent plus pour être un chevalier accompli. La valeur de ce dernier se mesure désormais au raffinement de son langage et de ses mœurs, à sa culture et à sa soumission à la dame du seigneur.

À RETENIR

La courtoisie est un ensemble d'attitudes, de goûts et de valeurs raffinés et chevaleresques qui se développe dans les cours seigneuriales du XIe au XVe siècles.

➥ Le roman à la Cour

Le **roman**, avant d'être un genre littéraire, est une **langue parlée par le peuple**. Bientôt se développe pourtant une **littérature écrite** en langue romane : ce sont d'abord des **traductions du latin** (Chrétien

À RETENIR

Le roman tient son nom de la langue dans laquelle il était écrit (langue romane).

de Troyes a ainsi traduit les œuvres d'Ovide) qui permettent une plus large diffusion de ces textes dans les milieux de cour ; puis des **œuvres originales** : poèmes, fables, chansons de geste et enfin romans sont composés dans cette langue. Beaucoup de romans, notamment ceux de Chrétien de Troie, puisent leur matière dans les **légendes celtes** qui racontent la création des premiers royaumes de Bretagne, à une époque où ce territoire s'étendait de l'Irlande actuelle à la Bretagne française en passant par le Sud de l'Angleterre.

II – Caractéristiques du roman de chevalerie

➡ Structure du roman de chevalerie

Au Moyen Âge, la distinction entre prose et poésie n'existe pas. Les romans sont écrits en **vers de huit syllabes** (octosyllabes) à rimes plates (les vers riment deux à deux) parce qu'ils sont destinés à être **récités devant la cour**, souvent avec un **accompagnement musical**.

> **À RETENIR**
> À l'origine, les romans étaient écrits en vers.

Le récit de chevalerie repose sur une structure analogue à celle du conte : le héros, à travers une série d'épreuves, réalise une **quête**. Chaque épisode du roman comprend une scène de combat et comporte un élément merveilleux.

➡ La dame et le chevalier

La particularité du roman de chevalerie est la place qu'il accorde à l'amour et à la femme aimée du chevalier. Ces romans contribuent en effet à renforcer l'évolution de la vie de cour vers des mœurs moins brutales : c'est la raison pour laquelle ils sont aussi appelés « **romans courtois** ». Dans les romans courtois, tous les exploits chevaleresques ont pour but de plaire à la dame et de lui faire valoir les qualités du chevalier, qui est toujours partagé entre l'**aventure** et l'**amour**. Le chevalier courtois possède bien évidemment des qualités physiques (force, endurance, etc.) mais il présente surtout des qualités morales (loyauté, honnêteté, générosité, bon chrétien, etc.). C'est uniquement pour mériter l'amour de sa dame qu'il doit accomplir de multiples exploits, comme combattre d'autres chevaliers ou encore affronter des créatures.

> **Évolution du rôle et de la place de la femme**
>
> Dans le roman courtois, **la femme** se trouve en **position de supériorité par rapport au chevalier** (c'est souvent l'épouse de son roi ou seigneur); il se soumet à ses volontés pour lui plaire : il lui offre ses succès, lui vient en aide lorsqu'elle est en danger, porte ses couleurs lors des tournois, l'assure de sa fidélité. Elle seule décide si le chevalier est digne de son amour en raison de ses qualités et de ses exploits. Sans en faire réellement des héroïnes, au même titre que les chevaliers, les romans courtois contribuent à faire évoluer le statut des femmes de la noblesse dans la société féodale.

Langue	Roman (langue du peuple).
Type d'intrigue	Exploits d'un chevalier pour conquérir la gloire, plaire à sa dame et à Dieu.
Thèmes	Merveilleux, quête, épreuves, amour.
Structure	Long récit en vers (octosyllabes).
Âge d'or	XIIe et XIIIe siècles.

III – Transmission et postérité du roman de chevalerie

⇒ Pratique de la lecture

Ces récits sont avant tout destinés à un public aristocratique. En effet, le roman courtois était lu à voix haute par des clercs (lettrés cultivés qui savaient lire), des jongleurs (chanteurs-poètes qui récitaient ou chantaient des vers) ou des dames, devant

> **À RETENIR**
>
> Avec la littérature courtoise, on passe de la littérature orale et sans auteur (comme les chansons de geste) à la littérature écrite (puisqu'elle était lue) et revendiquée par son auteur qui y apposait sa signature.

LE ROMAN DE CHEVALERIE

une petite assemblée majoritairement constituée de femmes, dans un cadre intime (par exemple une chambre). Cela constitue un grand changement par rapport aux autres formes littéraires de l'époque, telles que les chansons de geste, qui étaient clamées, sans support, sur la place publique.

➡ Évolution du roman

À la fin du XIIIe siècle, le roman courtois a perdu de sa popularité. Le caractère inaccessible de la dame dans les récits amenait souvent à une situation d'adultère (comme c'est le cas pour Guenièvre et Lancelot par exemple) ce qui n'était pas du goût de l'Église, très puissante à cette époque ; les chevaliers, héros des romans courtois, ne correspondaient pas au modèle de vertu souhaité par l'Église. C'est ainsi que le roman courtois s'est peu à peu effacé pour laisser place à de nouvelles formes de récits.

> **À RETENIR**
> Le roman de chevalerie a donné naissance au roman d'aventures. Il est aussi le premier roman à mettre en scène, de façon détournée, la société de son temps.

➡ Les plus célèbres romans courtois

Titre	Auteur(s)	Date
Tristan et Iseult	Thomas et Béroul	Entre 1170 et 1180
Lancelot ou le Chevalier à la charrette	Chrétien de Troyes	Entre 1175 et 1180
Yvain ou le Chevalier au lion	Chrétien de Troyes	Vers 1176
Perceval ou le Conte du Graal	Chrétien de Troyes	Entre 1180 et 1190
Le Chevalier au papegau	Inconnu	XVe siècle

5) Le merveilleux

Le merveilleux consiste dans l'intervention dans une œuvre d'art de phénomènes surnaturels qui ne peuvent pas se rencontrer ni se produire dans la réalité. Il se présente sous la forme de personnages (fées, ogres…), d'objets (la fontaine magique dans *Yvain ou le Chevalier au lion*) ou d'actions (métamorphoses d'humains en animaux ou inversement, animaux doués de parole…).

Les sources du merveilleux empruntent à des traditions culturelles diverses : le merveilleux chrétien (*La Chanson de Roland*) donne à voir les signes de la présence divine (personnages de saints, miracles…) ; le merveilleux païen correspond à d'autres cultures, polythéistes : cultures grecque ou latine, celtique (*Tristan et Yseult*), etc.

Le merveilleux, caractéristique des contes de fées, est présent dans de nombreuses œuvres, de genres et d'époques différents : romans de chevalerie (animaux fabuleux), chansons de geste, fables, poèmes. *Alice au pays des merveilles* témoigne de l'importance de cette inspiration à l'époque moderne, tout comme la série de romans de J.K. Rowling dont Harry Potter est le héros.

GROUPEMENT DE TEXTES

1) *Tristan et Iseult*

L'histoire de *Tristan et Iseult* est issue d'une légende bretonne transmise par la tradition orale et transcrite au XIIe siècle par Béroul et Thomas d'Angleterre. Tristan, neveu du roi Marc, est chargé de conduire Iseult, promise en mariage à son oncle, à la cour du roi.

Quand le temps approcha de remettre Iseult aux chevaliers de Cornouailles[1], sa mère cueillit des herbes, des fleurs et des racines, les mêla dans du vin, et brassa un breuvage puissant. L'ayant achevé par science et magie, elle le versa dans un coutret[2] et dit secrètement à Brangien[3] :

« Fille, tu dois suivre Iseult au pays du roi Marc, et tu l'aimes d'amour fidèle. Prends donc ce coutret de vin et retiens mes paroles. Cache-le de telle sorte que nul œil ne le voie et que nulle lèvre ne s'en approche. Mais, quand viendront la nuit nuptiale et l'instant où l'on quitte les époux, tu traverseras ce vin herbé dans une coupe et tu la présenteras, pour qu'ils la vident ensemble, au roi Marc et à la reine Iseult. Prends garde, ma fille, que seuls ils puissent goûter ce breuvage[4]. Car telle est sa vertu : ceux qui en boiront ensemble s'aimeront de tous leurs sens et de toute leur pensée, à toujours, dans la vie et dans la mort. »

Brangien promit à la reine qu'elle ferait selon sa volonté.

La nef[5], tranchant les vagues profondes, emportait Iseult. [...] Quand Tristan s'approchait d'elle et voulait l'apaiser par de douces paroles, elle s'irritait, le repoussait, et la haine gonflait son cœur. [...]

Un jour, les vents tombèrent, et les voiles pendaient dégonflées le long du mât. Tristan fit atterrir dans une île, et, lassés de la mer, les cent chevaliers de Cornouailles et les mariniers descendirent au rivage. Seule Iseult était demeurée sur la nef,

---

Notes

1. **Cornouailles** : Sud-Ouest de l'Angleterre.
2. **coutret** : récipient.
3. **Brangien** : servante d'Iseult.
4. **breuvage** : boisson.
5. **nef** : navire.

et une petite servante. Tristan vint vers la reine et tâchait de calmer son cœur. Comme le soleil brûlait et qu'ils avaient soif, ils demandèrent à boire. L'enfant chercha quelque breuvage, tant qu'elle[1] découvrit le coutret confié à Brangien par la mère d'Iseult. «J'ai trouvé du vin!» leur cria-t-elle. Non, ce n'était pas du vin: c'était la passion, c'était l'âpre joie et l'angoisse sans fin, et la mort. L'enfant remplit un hanap[2] et le présenta à sa maîtresse. Elle but à longs traits, puis le tendit à Tristan, qui le vida.

À cet instant, Brangien entra et les vit qui se regardaient en silence, comme égarés et comme ravis. Elle vit devant eux le vase presque vide et le hanap. Elle prit le vase, courut à la poupe, le lança dans les vagues et gémit:

«Malheureuse! maudit soit le jour où je suis née et maudit le jour où je suis montée sur cette nef! Iseult, amie, et vous, Tristan, c'est votre mort que vous avez bue!» […]

Iseult l'aimait. Elle voulait le haïr, pourtant: ne l'avait-il pas vilement dédaignée? Elle voulait le haïr, et ne pouvait, irritée en son cœur de cette tendresse plus douloureuse que la haine.

Tristan et Iseult, traduction de Joseph Bédier, Hachette Éducation, collection «Bibliocollège», 2015.

Questions sur le texte ❶

A. Qui a fabriqué le philtre et à qui est-il destiné? Qui le boit en réalité?

B. Quel est le pouvoir initial de ce philtre? Pourquoi devient-il un philtre de mort?

Notes

1. **tant qu'elle**: jusqu'à ce qu'elle.   2. **hanap**: verre.

GROUPEMENT DE TEXTES

2) *La Chanson de Roland*

La Chanson de Roland est une chanson de geste du XIIᵉ siècle dont on ne connaît pas l'auteur. Elle retrace le combat du chevalier Roland, neveu de Charlemagne et chef de l'arrière-garde de l'armée franque. Alors qu'il revient avec son armée de sept années d'expédition militaire en Espagne, il est attaqué par des musulmans, suite à la trahison de Ganelon, un seigneur franc. Après s'être battu vaillamment, Roland meurt au combat.

> Il a voulu se tourner du côté de l'Espagne.
> Il se prit alors à se souvenir de plusieurs choses :
> De tous les royaumes qu'il a conquis,
> Et de douce France, et des gens de sa famille,
> Et de Charlemagne[1], son seigneur qui l'a nourri ;
> Il ne peut s'empêcher d'en pleurer et de soupirer.
> Mais il ne veut pas se mettre lui-même en oubli,
> Et, de nouveau, réclame le pardon de Dieu :
> « Ô notre vrai Père, dit-il, qui jamais ne mentis,
> Qui ressuscitas saint Lazare[2] d'entre les morts
> Et défendis Daniel contre les lions,
> Sauve, sauve mon âme et défends-la contre tous périls,
> À cause des péchés que j'ai faits en ma vie. »
> Il a tendu à Dieu le gant de sa main droite :
> Saint Gabriel l'a reçu.
> Alors sa tête s'est inclinée sur son bras,
> Et il est allé, mains jointes, à sa fin.

Notes

1. Charlemagne : roi des Francs.

2. saint Lazare : personnage de la Bible ramené à la vie par Jésus.

Dieu lui envoie un de ses anges chérubins
Et saint Michel du Péril.
Saint Gabriel est venu avec eux :
L'âme du comte est emportée au Paradis...

La Chanson de Roland, 2e partie, «La mort de Roland»,
édition classique de Léon Gautier, 1881.

Questions sur le texte 2

A. Comment et à quel moment le merveilleux se manifeste-t-il dans le texte ? Est-ce un merveilleux païen ou chrétien ?

B. Quelle image donne-t-il du héros ?

3) Victor Hugo, *Quiconque est amoureux*

«Quiconque est amoureux» est un poème de Victor Hugo, paru trois années après sa mort, en 1888, au sein d'un recueil de poèmes intitulé *Toute la Lyre*.

[...]
Un brave ogre des bois, natif de Moscovie,
Était fort amoureux d'une fée, et l'envie,
Qu'il avait d'épouser cette dame s'accrut[1]
Au point de rendre fou ce pauvre cœur tout brut ;
L'ogre un beau jour d'hiver peigne sa peau velue,
Se présente au palais de la fée, et salue,
Et s'annonce à l'huissier comme prince Ogrousky.
La fée avait un fils, on ne sait pas de qui.
Elle était ce jour-là sortie, et quant au mioche[2],
Bel enfant blond nourri de crème et de brioche,

---

1. s'accrut : augmenta.   **2. mioche :** enfant.

Don fait par quelque Ulysse à cette Calypso,
Il était sous la porte et jouait au cerceau.
On laissa l'ogre et lui tout seuls dans l'antichambre.
Comment passer le temps quand il neige en décembre,
Et quand on n'a personne avec qui dire un mot ?
L'ogre se mit alors à croquer le marmot.
C'est très simple. Pourtant c'est aller un peu vite,
Même lorsqu'on est ogre et qu'on est moscovite,
Que de gober ainsi les mioches du prochain.
Le bâillement d'un ogre est frère de la faim.
Quand la dame rentra, plus d'enfant. On s'informe.
La fée avise l'ogre avec sa bouche énorme.
As-tu vu, cria-t-elle, un bel enfant que j'ai ?
Le bon ogre naïf lui dit : Je l'ai mangé.
Or, c'était maladroit. Vous qui cherchez à plaire,
Jugez ce que devint l'ogre devant la mère
Furieuse qu'il eût soupé de son dauphin.
Que l'exemple vous serve ; aimez, mais soyez fin ;
Adorez votre belle, et soyez plein d'astuce ;
N'allez pas lui manger, comme cet ogre russe,
Son enfant, ou marcher sur la patte à son chien.

Victor Hugo, « Quiconque est amoureux », *Toute la Lyre*, 1888.

Questions sur le texte 3

A. Quels éléments de merveilleux le texte comporte-t-il ?
B. À quelle tradition ce merveilleux est-il emprunté ?
C. À quel genre le texte appartient-il ? Pourquoi ?

4) Lewis Carroll, *Alice au pays des merveilles*

Alice au pays des merveilles **est un roman écrit par Lewis Carroll en 1865. Tandis que sa sœur lit, Alice s'ennuie. Soudain, elle aperçoit un lapin blanc qui, tirant une montre de sa poche, s'exclame qu'il est en retard. Intriguée, elle le suit et tombe dans un trou profond. Là, une porte minuscule donne accès à un jardin merveilleux où Alice aimerait se rendre. À côté de la porte, elle découvre une table sur laquelle sont posées une clé et une bouteille.**

Toutefois, cette bouteille-là ne portait pas la mention « poison », de sorte qu'Alice s'aventura à en goûter le contenu ; puis, l'ayant trouvé fort bon (de fait, il avait une saveur mêlant la tarte aux cerises, la crème anglaise, l'ananas, la dinde rôtie, le caramel et le toast beurré), elle eut tôt fait d'avoir vidé la bouteille.

« Quelle curieuse sensation ! s'exclama Alice. Je dois être en train de me fermer comme un télescope ! »

Et en effet : elle ne mesurait plus maintenant que vingt-cinq centimètres, et son visage s'éclaira à la pensée d'avoir dorénavant la taille requise pour passer la petite porte et entrer en ce ravissant jardin. Mais elle attendit d'abord quelques instants pour voir si elle n'allait pas encore rétrécir : cette éventualité l'inquiétait un peu ; « car ça pourrait bien finir, tu sais, se dit-elle, par ma disparition complète, comme celle d'une bougie. Et de quoi aurais-je l'air, alors ? » Et elle tâcha d'imaginer de quoi pouvait avoir l'air la flamme d'une bougie une fois celle-ci soufflée, car elle n'avait pas souvenance d'avoir vu pareille chose.

Au bout d'un moment, voyant que rien d'autre ne se produisait, elle décida de pénétrer dans le jardin sans plus tarder ; mais hélas ! pauvre Alice ! une fois devant la porte, elle se rendit compte qu'elle avait oublié la petite clef d'or, et puis, revenue à la table pour la prendre, elle se vit incapable de l'atteindre : elle la distinguait fort bien à travers le verre et fit de son mieux pour escalader l'un des pieds de la table, mais c'était trop glissant ;

et finalement, épuisée à force d'essayer, la petite malheureuse s'assit par terre et pleura.

Lewis Carroll, *Alice au pays des merveilles*,
traduction de Daniel Bismuth, Hachette Éducation,
collection «Bibliocollège», 2009.

Questions sur le texte

A. Quel est l'effet de la boisson bue par Alice ?

B. Quel obstacle pense-t-elle pouvoir ainsi surmonter ?

C. Pourquoi ne peut-elle réaliser son projet ?

6) Et par ailleurs...

La légende du roi Arthur continue de séduire les publics de tous âges. De nombreuses adaptations témoignent de cet intérêt.

LA LÉGENDE REVISITÉE

- Le film *Excalibur* (1981) de John Boorman raconte la création des chevaliers de la Table ronde (dont *Yvain ou le Chevalier au lion* fait partie) par le roi Arthur, grâce à l'épée magique Excalibur et avec l'aide de l'enchanteur Merlin.

- *Perceval le Gallois* (1978) film de Éric Rohmer, retrace la quête du Graal dans laquelle Perceval joue un rôle déterminant.

- *Monty Python, sacré Graal!* (1975) film de Terry Gilliam et Terry Jones, retrace sur le mode de la parodie la légende des chevaliers de la Table ronde et de la quête du Graal.

- La série télévisée britannique *Merlin*, dont la première saison a été diffusée en 2008, retrace fidèlement la légende du roi Arthur. Son originalité est d'avoir transformé Merlin en un jeune homme faisant ses débuts de magicien.

VERSION BULLE

Arthur, de David Chauvel et Jérôme Lereculey, Éditions Delcourt, 1999 à 2006.

À travers 9 tomes de bandes dessinées, les auteurs racontent en images les aventures des plus célèbres chevaliers de la Table ronde.

ET SI ON JOUAIT ?

Les Chevaliers de la Table ronde, Days of Wonder, 2005. Avec ce jeu de société, chacun endosse le rôle d'un chevalier de la Table ronde, le but étant, non pas de vaincre les autres joueurs mais bien de s'allier afin d'accomplir ensemble une quête et défendre le royaume de Camelot.

PLUS VRAI QUE NATURE

Plongez dans l'univers des légendes arthuriennes à travers des randonnées bretonnes ! En se promenant dans la forêt de Brocéliande, en Bretagne, on peut croiser certains emblèmes de la légende arthurienne comme le siège de Merlin, le domaine de la fée Morgane ou encore la chapelle du Graal.

SUR LE NET

- Il est possible de feuilleter l'un des manuscrits d'*Yvain ou le Chevalier au lion*, datant du XVe siècle, qui contient de nombreuses illustrations en couleurs :

http://expositions.bnf.fr/arthur/livres/yvain/index.htm

- Des jeux en ligne permettent d'en apprendre davantage sur la légende du roi Arthur et sur la vie au Moyen Âge, tout en s'amusant :

http://enfants.bnf.fr/parcours/arthur/

CONSEILS de LECTURE

- Pour continuer à suivre les aventures des chevaliers de la Table ronde, il faut lire la plus célèbre des œuvres de Chrétien de Troyes qui raconte les aventures de Perceval dans sa quête du Saint Graal : *Perceval ou le Conte du Graal*.

- *Le Regard des princes à minuit*, Érik L'Homme, Gallimard Jeunesse, collection « Scripto », 2014. Ce recueil de sept nouvelles met au goût du jour l'esprit de la chevalerie et prouve qu'il est encore possible d'être un véritable chevalier aujourd'hui. Le héros de chaque nouvelle se lance dans une quête initiatique moderne, comme Yvain était parti à la quête de la fontaine magique.

Dans la même collection

Anonymes
  Ali Baba et les quarante voleurs (37)
  Fabliaux du Moyen Âge (20)
  Gilgamesh (83)
  La Bible (15)
  La Farce de Maître Pathelin (17)
  Le Roman de Renart (10)
  Tristan et Iseult (11)

Anthologies
  L'Autobiographie (38)
  L'Héritage romain (42)
  Poèmes 6e-5e (40)
  Poèmes 4e-3e (46)
  Textes de l'Antiquité (63)
  Textes du Moyen Âge et de la Renaissance (67)
  Théâtre pour rire 6e-5e (52)

ALAIN-FOURNIER
  Le Grand Meaulnes (77)

ANDERSEN
  La Petite Sirène et autres contes (27)

BALZAC
  Le Colonel Chabert (43)
  Eugénie Grandet (82)

BAUDELAIRE
  Le Spleen de Paris (29)

CARROLL
  Alice au pays des merveilles (74)

CHÂTEAUREYNAUD
  Le Verger et autres nouvelles (58)

CHRÉTIEN DE TROYES
  Lancelot ou le Chevalier de la charrette (62)
  Perceval ou le Conte du Graal (70)
  Yvain ou le Chevalier au lion (41)

CHRISTIE
  La mort n'est pas une fin (3)
  Nouvelles policières (21)

CORNEILLE
  Le Cid (2)

COURTELINE
  Comédies (69)

DAUDET
  Lettres de mon moulin (28)

DES MAZERY
  La Vie tranchée (75)

DOYLE
  Scandale en Bohême et autres nouvelles (30)
  Le Chien des Baskerville (49)

FLAUBERT
  Un cœur simple (31)

GAUTIER
  La Cafetière et autres contes fantastiques (19)
  Le Capitaine Fracasse (56)

GREENE
  Le Troisième Homme (79)

GRIMM
  Contes (44)

HOMÈRE
  Odyssée (8)

HUGO
  Claude Gueux (65)
  Les Misérables (35)

JARRY
  Ubu Roi (55)

LABICHE
  Le Voyage de Monsieur Perrichon (50)

LA FONTAINE
  Fables (9)

LEPRINCE DE BEAUMONT
  La Belle et la Bête et autres contes (68)

LÉRY
  Voyage en terre de Brésil (26)

LONDON
  L'Appel de la forêt (84)

Dans la même collection (suite)

MAUPASSANT
  Boule de Suif (60)
  Le Horla et six contes fantastiques (22)
  Toine et autres contes (12)
MÉRIMÉE
  La Vénus d'Ille (13)
  Tamango (66)
MOLIÈRE
  George Dandin (45)
  L'Avare (16)
  Le Bourgeois gentilhomme (33)
  L'École des femmes (24)
  Les Femmes savantes (18)
  Les Fourberies de Scapin (1)
  Les Précieuses ridicules (80)
  Le Malade imaginaire (5)
  Le Médecin malgré lui (7)
  Le Médecin volant / L'Amour médecin (76)
MONTESQUIEU
  Lettres persanes (47)
MUSSET
  Les Caprices de Marianne (85)
NÉMIROVSKY
  Le Bal (57)
OBALDIA
  Innocentines (59)
OLMI
  Numéro Six (90)
PERRAULT
  Contes (6)
POE
  Le Chat noir et autres contes (34)
  Le Scarabée d'or (53)
POPPE
  Là-bas (89)
RABELAIS
  Gargantua – Pantagruel (25)

RACINE
  Andromaque (23)
  Iphigénie (86)
RENARD
  Poil de carotte (32)
SAGAN
  Bonjour tristesse (88)
SAND
  La Mare au diable (4)
SHAKESPEARE
  Roméo et Juliette (71)
STENDHAL
  Vanina Vanini (61)
STEVENSON
  L'Île au trésor (48)
STOKER
  Dracula (81)
VALLÈS
  L'Enfant (64)
VERNE
  Le Tour du monde en quatre-vingts jours (73)
  Un hivernage dans les glaces (51)
VILLIERS DE L'ISLE-ADAM
  Contes cruels (54)
VOLTAIRE
  Micromégas et autres contes (14)
  Zadig ou la Destinée (72)
WILDE
  Le Fantôme de Canterville (36)
ZOLA
  Jacques Damour et autres nouvelles (39)
  Au bonheur des dames (78)
ZWEIG
  Le Joueur d'échecs (87)

Imprimé en Italie par Rotolito Lombarda
Dépôt légal : Septembre 2017 - Édition 03
31/4450/9